Cómo limpiar tu casa
de espíritus y fantasmas

DEBI CHESTNUT

Cómo limpiar tu casa de espíritus y fantasmas

· · · · · · ·

Consejos y técnicas
de una cazadora de fantasmas
profesional

Traducción de Mónica Campos

KEPLER

Argentina – Chile – Colombia – España
Estados Unidos – México – Perú – Uruguay

Título original: *How to Clear Your Home of Ghosts & Spirits: Tips & Techniques from a Professional Ghost Hunter*
Editor original: Llewellyn Publications
Traducción: Mónica Campos

1.ª edición: abril 2026

Copyright © 2014 *by* Debi Chestnut
All Rights Reserved
Published by Llewellyn Worldwide Woodbury, MN 55125 USA
www.llewellyn.com
© de la traducción 2026 *by* Mónica Campos
© 2026 *by* Urano World Spain, S.A.U.
López de Hoyos, 92, Planta Baja Derecha – 28002 Madrid
www.edicioneskepler.com

ISBN: 978-84-19656-20-9
E-ISBN: 979-13-87750-94-7
Depósito legal: M-1.918-2026

Fotocomposición: Urano World Spain, S.A.U.

Impreso por: Rodesa, S.A. – Polígono Industrial San Miguel
Parcelas E7-E8 – 31132 Villatuerta (Navarra)

Impreso en España – *Printed in Spain*

ÍNDICE

INTRODUCCIÓN

Una de las primeras preguntas que me hacen como investigadora paranormal es la siguiente: «¿Cómo me deshago del fantasma que tengo en mi casa?». Por desgracia, no hay una respuesta sencilla a esta pregunta.

La verdad es que la forma de librarse de un fantasma depende del tipo de fantasma que tengas. Hay muchos tipos diferentes, cada uno con sus propias características y temperamento. (En los siguientes capítulos explicaré esto con más detalle).

Por ejemplo, la mejor forma de deshacerse de un espíritu bueno no funciona con un espíritu maligno o travieso. Cuando se trata de fantasmas y espíritus, el conocimiento es poder y el miedo es el enemigo.

La sociedad y los medios de comunicación, a través de libros y películas, nos han condicionado para que tengamos miedo de los fantasmas, cuando en realidad la mayoría de los espíritus no tienen malas intenciones y no hay razón para temerles. Cuando se trata de fantasmas, lo importante que hay que recordar es que debes tener el control y reclamar tu hogar, no ceder tu poder al miedo. El objetivo de este libro es darte los conocimientos necesarios para lidiar con el fantasma que se ha establecido en tu hogar. Aquí hay algunas cosas que debes tener en cuenta durante la lectura:

- No todos los fantasmas son malos, pero pueden asustarnos, lo cual es totalmente comprensible. Lo principal que hay que recordar es que la mayoría de los fantasmas son como nosotros. Una vez estuvieron vivos y, de alguna manera, siguen estándolo, pero sin cuerpo. Muchos fantasmas no pretenden asustarnos; simplemente buscan una forma de comunicarse o ponerse en contacto con nosotros. Así que, a menos que tú o alguien de tu familia estéis siendo heridos físicamente por un fantasma, no hay nada que temer.
- Este libro te ayudará a identificar el tipo de fantasma o espíritu que tienes en casa y el método más adecuado para librarte de él. Si intentas limpiar tu casa de un fantasma utilizando el método equivocado, podrías provocar más mal que bien, ya que el fantasma podría enfadarse y comportarse aún peor.
- Ten en cuenta que estos métodos pueden fallar por varias razones. La razón principal es que la persona que utiliza el método no crea realmente en él. Es muy importante que confíes ciegamente en que lograrás tu objetivo.
- Además, algunas formas de librarse de un fantasma solo funcionan con un espíritu negativo y no con un fantasma que tenga buena voluntad. En cierto modo, los fantasmas amistosos son más

difíciles de eliminar porque su intención no es perjudicar a nadie. En muchos casos, solo quieren estar cerca de los vivos, y convencer a ese tipo de fantasma para que se vaya puede ser todo un reto, pero hay técnicas que se pueden utilizar con ese objetivo.

También hay ciertos fantasmas de los que no deberías intentar deshacerte tú mismo, sino llamar a un investigador de lo paranormal para que determine la forma más segura de expulsarlo. Este libro te dará las herramientas necesarias para escoger un investigador de confianza.

Cuando se trata de librar una casa u otro lugar de un fantasma, puede ser necesario repetir las técnicas de este libro más de una vez. Es raro que un fantasma se vaya después de un primer intento. Puede que se calme durante un tiempo, pero también puede ser necesario repetir el método varias veces hasta que tu casa esté completamente libre de él.

Como investigadora de lo paranormal durante más de treinta años, he sido testigo de lo que la mayoría de los fantasmas descritos en este libro son capaces de hacer. He visto los efectos que estos pueden ocasionar en la vida de las personas y en mi propia vida, tanto buenos como malos. También soy médium/sensitiva y he sido capaz de ver y comunicarme con fantasmas y espíritus desde que tengo uso de razón, así que es natural que acabara convirtiéndome en investigadora de lo paranormal.

Mientras que algunas personas que tienen estos dones han optado por ignorarlos, yo he decidido utilizarlos para ayudar a tanta gente como sea posible. Una de las principales formas que tengo de llegar a las personas y ayudarlas con sus problemas paranormales es a través de mis libros.

También colaboro con Black River Paranormal, un equipo de cazafantasmas formado por expertos investigadores de lo paranormal. Trabajamos con gran dedicación para ayudar a las personas a entender y manejar cualquier actividad paranormal que ocurra en sus hogares, puestos de trabajo o lugares de culto.

Para que este libro sea fácil de seguir, he clasificado los fantasmas en diferentes categorías según sean activos, malignos, benignos, etc. Algunos tipos de fantasmas y espíritus pertenecen a más de una categoría, y he incluido esa información en sus definiciones cuando era necesario.

Creo que la mayoría de la gente malinterpreta a los fantasmas, y si este libro te ayuda no solo a comprender por qué algunos fantasmas hacen lo que hacen, sino también a limpiar tu casa de fantasmas, habré cumplido mi objetivo.

Solo para aclararlo, los fantasmas y los espíritus son, según muchos investigadores de lo paranormal, dos cosas diferentes. Los fantasmas son personas que han muerto pero no han cruzado al otro lado, mientras que los espíritus son personas que han muerto, han cruzado al otro lado y luego han decidido, por la razón que sea, volver al plano terrenal. Si no estás seguro de qué tipo de fantasma o espíritu se oculta en tu casa, tienes alguna pregunta o necesitas más consejos, puedes ponerte en contacto conmigo en debichestnut@yahoo.com.

¡Feliz caza!

Debi Chestnut

CAPÍTULO UNO

¿ES REALMENTE UN FANTASMA?

En mis más de treinta años de experiencia con lo paranormal, he aprendido que muchas veces, cuando alguien cree que tiene un fantasma o espíritu en casa, en realidad hay una explicación racional para lo que le ocurre. En mi libro *Is Your House Haunted?* («¿Tu casa está encantada?»), trato este tema en profundidad, por lo que para el propósito de este libro solo tocaré el tema y te daré un curso intensivo sobre las posibles causas de lo que parece ser una actividad paranormal. Solo porque creas que algo paranormal está ocurriendo, no tienes que estar asustado. Da un paso atrás, respira hondo un par de veces e intenta descubrir si existe una explicación racional y no fantasmal para lo que está ocurriendo.

¿ES HORA DE LLAMAR A UN ELECTRICISTA?

Lo que parece actividad fantasmal puede deberse a problemas con la electricidad. Si las luces se encienden y se apagan solas, llama a un electricista para que compruebe si hay algún problema eléctrico y, si lo encuentra, que lo repare. Si después de las reparaciones sigues experimentando la misma actividad, es posible que tengas un invitado no deseado en forma de fantasma o espíritu.

NIVELES ALTOS DE RADIACIÓN ELECTROMAGNÉTICA

Mientras el electricista esté en tu casa, pídele que utilice un detector de campos electromagnéticos (CEM) para descubrir si hay niveles altos de radiación electromagnética en tu casa o lugar de trabajo.

En el mundo paranormal, llamamos «jaula del miedo» a un campo electromagnético alto. Esto se debe a que los campos electromagnéticos de este tipo pueden provocar alucinaciones, la sensación de estar siendo observado y/u hormigueos por todo el cuerpo, así como otros síntomas dependiendo de la persona. Cada cuerpo puede reaccionar de forma diferente a un CEM elevado, pero los síntomas anteriores son los que parecen manifestarse en la mayoría de las personas.

Todos estos síntomas pueden atribuirse a la presencia de un fantasma u otro tipo de espectro en casa, pero antes de sacar conclusiones precipitadas, pídele a un electricista que compruebe las lecturas de CEM en tu casa o lugar de trabajo.

Hace poco me ocupé de un caso en el que tenían un hormigueo en las piernas y la sensación de que estaban siendo observados y de que serían atacados mientras dormían.

Incluso yo estaba convencida de que se trataba de una entidad demoníaca. Un sacerdote católico vino más de una vez e hizo una serie de bendiciones y exorcismos en la casa para expulsar lo que había allí, pero todo fue en vano. Las personas que vivían en esta casa llamaron finalmente a un electricista, que descubrió que sus cajas eléctricas no estaban conectadas a tierra y que había unos campos electromagnéticos muy altos por toda la casa. Una vez que se hubo arreglado, todas las sensaciones y experiencias cesaron de inmediato.

¿ACABA DE HACER FRÍO AQUÍ?

Existe la hipótesis entre los investigadores de lo paranormal de que las zonas frías podrían deberse a la presencia de un fantasma o espíritu. En teoría, para que un fantasma se manifieste necesita energía. El fantasma, u otro tipo de entidad, succiona toda la energía de una habitación como si se tratara de un gigantesco vacío, provocando la bajada de las temperaturas. En casos extremos, una habitación podría volverse tan fría que fueras capaz de ver tu propia respiración.

La explicación no paranormal sería que hubiera una corriente de aire procedente de una ventana o una puerta abierta, o que colara el aire, o tal vez un problema con el sistema de calefacción.

Comprueba si hay corrientes de aire alrededor de puertas y ventanas, y llama a un especialista en calefacción y aire acondicionado para que revise la caldera y todo el sistema de calefacción y refrigeración, incluidos los conductos, para asegurarse de que todo funciona correctamente.

HAY UN PROBLEMA CON LAS PUERTAS

Otra queja frecuente entre las personas que creen que su casa está encantada es el hecho de que las puertas y los armarios parecen abrirse y/o cerrarse solos. Aunque este tipo de actividad puede atribuirse a la presencia de un fantasma o espíritu, lo más probable es que las propias puertas necesiten un ajuste.

Comprueba las bisagras de las puertas o los armarios y mira si están bien ajustadas o si necesitan sustituirse. Cierra las puertas y camina por la habitación, sobre todo cerca de ellas, y observa si eso provoca su apertura. Comprueba también los pestillos de las puertas o los armarios y asegúrate de que cierran y encajan correctamente. También puedes comprobar si hay corrientes de aire dentro o fuera de la habitación que podrían hacer que las puertas o los armarios se abrieran o cerraran solos.

El hecho de que las puertas o los armarios se abran solos también puede deberse a un olvido, ya sea tuyo o de algún miembro de la familia; incluso puede deberse a tus mascotas.

A mí personalmente me ha pasado. Sabía que había un ser sombra en mi casa porque lo había visto, y subía al baño y me encontraba uno o varios cajones del tocador abiertos. Por supuesto, atribuí esto al hombre sombra. Un día intenté cerrar el cajón y golpeé algo sólido. En ese momento, uno de mis gatos asomó la cabeza por detrás del cajón, se arrastró por la parte de atrás y por encima de este, y salió despreocupadamente del cuarto de baño en busca de otro lugar adecuado para dormir, así que problema resuelto.

PASOS

Muchas personas que creen que su casa está encantada dicen que oyen pasos. A veces estos pasos se producen al azar, pero en otros casos se dan a la misma hora del día o de la noche.

En muchos casos, esto se debe a un fantasma residual (véase el capítulo 3), pero también puede deberse a un asentamiento de la casa; a problemas de fontanería, como que el agua corra por las tuberías o que estas se expandan o contraigan debido a los cambios de temperatura; a que las rejillas de ventilación se expandan o contraigan, o a otras situaciones que no son para nada fantasmales. El sonido de pasos también puede explicarse con tuberías sueltas que golpean contra una vigueta del suelo cuando el agua corre dentro de ellas.

Asegúrate de que todas las tuberías están bien sujetas y que no están dando golpes y provocando estos ruidos.

¿PODRÍA HABER BICHOS EN LAS PAREDES?

He hablado con mucha gente que cree que su casa está encantada, y en muchos casos dicen oír ruidos de arañazos en las paredes y/o en el desván de su casa. Lo primero que les digo es que pidan a una empresa de fumigación que vaya a su casa o lugar de trabajo y compruebe si hay pequeños animales (como ratones, ratas, ardillas y murciélagos) que puedan haber entrado.

También les pido que comprueben si hay algún animal pequeño atrapado en la chimenea, así como ramas de árboles o un canalón suelto que pueda haber entrado en su casa y que pueda estar rozando el tejado o las paredes exteriores de la casa, y que lo retiren.

En la mayoría de los casos, esto parece resolver el problema; sin embargo, si compruebas estas cosas y sigues oyendo los ruidos de arañazos, entonces podrías tener un fantasma o espíritu ocupando tu casa o negocio.

Una familia que estaba aterrorizada me llamó para investigar unos ruidos de arañazos que provenían de la sala de estar. Después de una inspección minuciosa de este espacio y de entrevistarlos, supe cuál era el problema. Tras buscar una potente linterna de mi coche, subí a la segunda planta de la casa y salí por la ventana del cuarto de baño hasta colocarme sobre el techo de la sala de estar. Crucé el tejado hasta la chimenea y utilicé la linterna para inspeccionar su interior. Efectivamente, había una familia de mapaches atrapada dentro de la chimenea.

La familia llamó inmediatamente a un servicio de recogida de animales, que sacó a los mapaches, los llevó hasta una zona boscosa y los devolvió a su hábitat natural.

Sé que te preguntarás: «¿Cómo lo supiste?». La respuesta es muy sencilla: me había ocurrido lo mismo en mi propia casa. La experiencia es una gran maestra.

SOMBRAS Y LUCES EXTRAÑAS

Puede haber ocasiones en las que percibas una sombra o alguna luz de aspecto extraño por el rabillo del ojo, o veas que se mueve o parpadea contra una pared de tu casa o negocio. Esto puede llevar a algunas personas a creer que su casa ha sido encantada por un fantasma, espíritu u otro tipo de entidad, como un ser sombra.

Si te ocurre esto, asegúrate de que nadie haya salido por una puerta o ventana, o de que simplemente haya pasado alguien y la luz haya provocado que su sombra aparezca en una pared. Comprueba también que ningún coche que pasara por la calle no lo haya provocado, sobre todo si es de noche.

La mayoría de nosotros sabemos cómo se ve en nuestra casa un coche que pasa por la calle de noche, pero algunas veces no podemos estar totalmente seguros, así que vuelve a comprobar estas cosas antes de sacar la conclusión de que tienes una presencia fantasmal en tu casa.

A mí me pasó una vez, y casi me volví loca intentando averiguar qué pasaba. Sucedió lo siguiente: estaba sentada frente al ordenador, escribiendo, y en el reflejo de la pantalla veía una sombra que iba y venía por detrás de mí, pero no podía saber si estaba en la misma habitación o de dónde venía. No parecía una sombra humana, sino más bien una neblina negra sin forma. Cada vez que me daba la vuelta, no veía nada.

Seguí tecleando para que lo que estuviera allí pensara que lo ignoraba, y la sombra siguió pasando por detrás de mí durante unos segundos más antes de desaparecer por completo. Me levanté y caminé por la habitación, tratando de captar la presencia de un fantasma o espíritu, o al menos la energía residual de una presencia, pero no pude sentir nada.

Frustrada, volví a sentarme y continué escribiendo durante bastante tiempo sin más incidentes, hasta que volvió a aparecer. Esta vez salté de la silla y me di la vuelta esperando enfrentarme a un espíritu, pero en lugar de eso me di cuenta de que había dejado la persiana de la ventana completamente subida y que el vecino del otro lado del canal tenía la luz trasera encendida. Entonces vi que uno de mis gatos negros estaba sentado en el respaldo del sofá y me miraba como si hubiera perdido la poca cordura que me quedaba.

Me acerqué de nuevo a mi escritorio y miré la pantalla del ordenador, que está en un estante bastante alto. Efectivamente, la luz se reflejaba en mi ventana en el ángulo adecuado, de modo que cada vez que el gato iba y venía por la ventana en busca de bichos, aparecía en mi pantalla una inquietante sombra negra. Misterio resuelto. Bajé la persiana y no tuve más incidentes. Así que, sí, incluso a una investigadora experta en lo paranormal se le puede hacer creer que hay algún tipo de fantasma alrededor, cuando en realidad es solo un gato curioso en busca de bichos.

DISPOSITIVOS INALÁMBRICOS

Sé que suena extraño, pero dispositivos como los que abren la puerta del garaje y los ventiladores de techo con mando a distancia pueden hacerte creer que tienes un fantasma travieso en casa si no sabes qué tienes que buscar. Lo sé porque en mi propia casa se dio una situación que me volvió loca hasta que lo descubrí.

El ventilador de techo de mi comedor se encendía y apagaba solo y cambiaba de velocidad, y la luz pasaba de brillante a tenue y viceversa por sí sola. Pensé que tenía un *poltergeist.*

Un día, mi vecina y yo estábamos hablando y me dijo que la puerta de su garaje subía y bajaba sola sin motivo aparente. Después de un poco de experimentación, descubrimos qué pasaba.

Mi marido había instalado un mando a distancia para el ventilador de techo, y estaba en una pared exterior, justo al lado de la pared del garaje de nuestra vecina. El transmisor del ventilador de techo y el mando de la puerta del garaje estaban en la misma frecuencia.

Cada vez que ella abría o cerraba la puerta del garaje, mi ventilador de techo hacía alguna tontería. Además, cada vez que utilizaba el mando a distancia para ajustar el ventilador de techo, abría o cerraba la puerta del garaje. Después de cambiar la frecuencia del transmisor del ventilador de techo, cesó toda actividad extraña. Así que si estás experimentando el mismo tipo de actividad y estás casado y/o vives al lado de una loca de los aparatos electrónicos, deberías comparar las frecuencias de los transmisores para ver si eso detiene lo que parece ser una actividad paranormal.

∘∘∘∘∘∘∘∘∘∘∘∘∘∘∘

Como puedes ver, hay muchas razones para percibir actividad paranormal, y la lista solo recoge los tipos más habituales de supuesta actividad fantasmal.

Es muy importante que no llegues a la conclusión precipitada de que tienes un fantasma, sino que busques una explicación racional para cualquier suceso extraño que te puedas encontrar. Las verdaderas apariciones son muy raras, y las apariciones demoníacas o por parte de un ser inhumano lo son aún más.

Por lo tanto, si después de buscar una causa normal para un suceso extraordinario, no la encuentras, puedes intentar librarte tú mismo de tu indeseado huésped siguiendo las directrices de este libro, o puedes llamar a un investigador de lo paranormal para que te ayude a determinar si hay un fantasma, o si existe una explicación en la que no habías pensado y que pudiera estar provocando la extraña actividad.

CAPÍTULO DOS

HABLEMOS DE FANTASMAS

La palabra «fantasma» evoca imágenes diferentes según la persona. Hollywood ha tenido la gentileza de presentarnos una gran variedad de fantasmas, espíritus, demonios y otras criaturas macabras a lo largo de la historia del cine. La verdad es que la mayoría de los fantasmas reales no dan miedo en absoluto y solo quieren transmitir un mensaje, ser reconocidos o simplemente hacernos saber que están ahí. El problema es que hemos sido condicionados por las mismas películas y programas de televisión que nos han enseñado que debemos tenerles miedo.

La verdadera pregunta que deberías hacerte es: «¿Realmente quiero librarme del fantasma?».

De acuerdo, hay algunos fantasmas a los que todos los vivos deberían temer, pero en realidad son los menos. Por lo general, no tienen malas intenciones, y es importante recordar que la mayoría de los que caminan entre nosotros también fueron humanos una vez y aún tienen muchas de sus características humanas.

La mayoría de la gente cree que cualquier tipo de actividad paranormal significa que su casa o lugar de trabajo está encantado. La verdad es que las auténticas apariciones son muy raras, y el hecho de que experimentes actividad paranormal no significa que tu casa esté encantada.

La palabra «paranormal» significa que es algo que no tiene una explicación racional, pero la mayoría de las supuestas actividades paranormales pueden atribuirse a algo que no está fuera de lo normal.

Si crees que estás experimentando una actividad paranormal, puedes leer mi libro *Is Your House Haunted?* para determinar si realmente tienes un fantasma o si la actividad que experimentas tiene una explicación racional.

Es importante recordar que hay algunos tipos de fantasmas de los que no es necesario que nos deshagamos, porque tales fantasmas se irán cuando el propósito que se han marcado se haya cumplido. Eso o simplemente se desvanecerán con el tiempo.

Mi experiencia a lo largo de los años es que algunas personas se encariñan con sus fantasmas, y realmente no quieren dejarlos ir para que puedan cruzar al «otro lado».

Sin embargo, si el fantasma está siendo demasiado activo y es una molestia, los diferentes métodos tratados en este libro pueden ser utilizados con ese objetivo.

Cuando hayas concluido que, efectivamente, tienes un fantasma, este libro será lo que necesitas. Aquí trataré técnicas que a mí me han funcionado para librar a un hogar de un huésped no deseado.

Los investigadores de lo paranormal han clasificado a los fantasmas según el tipo de comportamiento que muestran. Para los objetivos de este libro, he clasificado a los fantasmas en benignos, activos, mensajeros, misteriosos, etc. Esta disposición te permite ir a la sección más apropiada para tu situación concreta.

FANTASMAS BENIGNOS

Estos son fantasmas y espíritus inofensivos que aparecen de vez en cuando, ya sea en épocas concretas del año o, simplemente, para hacerte saber que están ahí. Los fantasmas benignos pueden intentar interactuar con los vivos y, en algunos casos, no hay presente ningún fantasma de verdad. Es lo que se denomina un «fantasma residual» y suele ser un suceso del pasado que está atrapado en una especie de deformación temporal que se repite una y otra vez, como un vídeo reproducido en bucle.

Un fantasma benigno puede manifestarse como una aparición de cuerpo entero en un campo de batalla, en un barco, en un negocio o en una casa. Normalmente, los fantasmas benignos se dedican a sus asuntos como lo hacían cuando estaban vivos.

También puede verse abriendo y cerrando puertas o caminando (lo que puede explicar los pasos que se oyen), y a veces incluso atravesando paredes. No hay nada que pueda hacerse para librarse de esta actividad que, por lo general, desaparecerá por sí sola con el tiempo.

En casos como los fantasmas históricos y las apariciones, puede tratarse de fantasmas inteligentes (lo que significa que intentarán interactuar contigo de alguna manera) o de energía residual que simplemente está reproduciendo un determinado suceso una y otra vez.

Sea cual sea el tipo de fantasma, inteligente o residual, no hay forma de librarse de ellos. Se irán por sí solos y, aparte de darte un buen susto, no suponen ninguna amenaza para los vivos.

Algunos de los fantasmas benignos más habituales son los siguientes.

Fantasmas de aniversario

Este tipo de fantasma aparecerá en la fecha de un aniversario que tuvo algún significado para ellos cuando estaban vivos. Puede ser el aniversario de su nacimiento, muerte, boda o similar. También pueden aparecer en otra ocasión especial, como el nacimiento de un hijo.

Los fantasmas de aniversario siempre te reconocerán de alguna manera. Pueden intentar hablarte, mirarte o provocar algún tipo de actividad que te haga saber que están ahí y quiénes son.

Si tienes una foto de un ser querido fallecido a la vista, pueden hacer que esa foto se mueva o se caiga para hacerte saber que son ellos. Si estás haciendo fotos el día de un acontecimiento especial que se celebraba cuando tus seres queridos estaban vivos, pueden hacer que el cuadro se mueva o se caiga para hacerte saber que están ahí. Nunca se sabe quién va a aparecer en la foto.

Por ejemplo, todos los años, el día de mi cumpleaños, mi padre encuentra la manera de felicitarme. Puede que aparezca brevemente ante mí, o a veces me encuentro una vela de cumpleaños apagada colocada en el centro de mi escritorio. Es su pequeña forma de demostrar que el amor trasciende a la muerte.

Si tienes un fantasma de aniversario, no significa que tu casa esté encantada, porque este tipo de fantasma solo aparecerá en una fecha o fechas concretas del año y no estará presente en ningún otro momento. No es necesario que intentes librarte de este tipo de fantasma porque se irá por sí solo. También es probable que un fantasma de aniversario solo aparezca una o dos veces en la fecha señalada y no regrese más.

Apariciones

En el mundo de lo paranormal, una aparición se define como cualquier tipo de figura fantasmal. Las apariciones se dividen en cuatro categorías: parciales, invisibles, visibles y sólidas.

Apariciones parciales

Las apariciones parciales no suelen ser de cuerpo entero. Puede faltarles la cabeza, por ejemplo, o puede que solo se vea la cabeza. No parece haber ninguna razón en cuanto a qué parte del cuerpo puede faltar. En algunos casos, una persona puede ver solo una mano, un par de piernas o la mitad superior o inferior del cuerpo de la aparición.

Las apariciones parciales suelen ser benignas y se desvanecen tan rápido como aparecen, aunque admito que pueden sobresaltarnos. Por ejemplo, podrías estar caminando por una habitación y ver una cabeza flotando en el aire, o podrías ver solo un par de piernas subiendo por una escalera.

Apariciones invisibles

El término «aparición invisible» puede parecer un oxímoron, pero en realidad define a un fantasma que no puede verse a simple vista y que aparece en una foto o en un vídeo. Una aparición invisible puede manifestarse como una sombra o ser tan sólida como tú y como yo. Podría estar a tu lado y que no te dieras cuenta de su presencia, a menos que estuvieras haciendo una foto o tuvieras una videocámara funcionando en esa habitación en el momento en que estuviera allí.

Esto mismo me ocurrió un día que paseaba por un cementerio que en teoría estaba encantado. Armada solo con mi sexto sentido y una cámara digital, caminaba por el cementerio en un cálido día de otoño, sacando fotos cada vez que una mancha de energía me llamaba la atención. Aparte de que algo agotó las pilas de mi cámara (dos veces), el día parecía relativamente tranquilo.

Cuando llegué a casa, saqué la tarjeta SD de la cámara y la introduje en el ordenador para revisar las fotos; estaba bastante segura de no haber captado nada, pero merecía la pena echarles un vistazo.

Hice clic en las fotos, estudiándolas detenidamente en busca de cualquier anomalía que pudiera aparecer. Entonces di con una foto que me dejó sin aliento. Entre las lápidas caminaba la aparición de una mujer con un vestido largo de estilo frontera y un gorro. Llevaba en las manos lo que parecía una cesta.

Después de recuperarme de la sorpresa, amplié la foto y la pasé por un programa de filtros para intentar aclarar un poco la imagen, pero la evidencia estaba ahí. Hice clic en las demás fotos y comprobé que, en la tomada inmediatamente después de la aparición, no había nada más que lápidas. Hasta la fecha, es una de mis fotos favoritas. He vuelto al cementerio en numerosas ocasiones, pero no he podido ni desmentir la foto ni volver a conseguir la imagen fantasmal de la joven.

Apariciones visibles

Las apariciones visibles suelen verse a simple vista, pero pueden parecer transparentes o semitransparentes. En otras palabras, es posible que puedas ver a través de ellas.

En algunos casos, se puede distinguir la ropa que llevan e incluso sus características físicas. En otros casos, la aparición puede manifestarse solo como una neblina blanca y turbia. La neblina puede sugerir la figura de una persona.

Por ejemplo, puede que veas aparecer una neblina blanca en la habitación en la que estás y que permanezca durante uno o dos minutos y luego desaparezca, o que la neblina salga flotando de la habitación y se dirija a otra parte de la casa.

A veces, ver a través de ella es la única forma de saber si se trata de una aparición o de una persona viva.

Apariciones sólidas

Las apariciones sólidas parecen tan reales como cualquier persona viva, e incluso puede que las reconozcas como lo harías con cualquier otra persona, hasta que desaparezcan ante tus propios ojos.

Por ejemplo, puedes entrar en un restaurante y ver a alguien que se aparta de tu camino o que está sentado solo en una mesa y que parece estar un poco fuera de lugar, pero no sabes por qué. Puede que se dé la vuelta durante una fracción de segundo y luego desaparezca. Miras rápidamente por el restaurante porque estás seguro de que no ha pasado a tu lado, pero ya no la ves. Si esto ocurre, probablemente acabas de experimentar una aparición sólida.

Las apariciones sólidas me resultan un poco complicadas, porque soy capaz de ver fantasmas y espíritus si deciden manifestarse ante mí. La única forma que tengo de saber si una aparición sólida es un fantasma es si se comunica telepáticamente conmigo; si no lo hace, entonces es una persona viva. Extraño, lo sé, pero bienvenido a mi mundo.

Fantasmas históricos

A veces, un fantasma o varios de ellos se adhieren a un lugar, como un campo de batalla u otro lugar histórico.

Muy rara vez los fantasmas históricos interactúan con los vivos y realizan sus actividades como cuando estaban vivos. La mayoría de las veces aparecerán con las ropas habituales de la época en la que vivieron.

A lo largo de los años, se han contado muchos casos de fantasmas que han sido vistos en los campos de batalla de la Guerra de Secesión, y tanto los investigadores de lo paranormal como turistas y trabajadores informan con cierta regularidad de avistamientos de soldados con uniformes de esta guerra y del sonido de disparos de mosquetes y/o cañonazos. La mayoría de las veces, los fantasmas históricos pertenecen a la categoría conocida como «fantasmas residuales». Debido a la violencia que se da en una batalla, no es extraño que esta energía se manifieste en forma de unos soldados que siguen luchando en una guerra, pero esto no significa que estos valientes hombres participen en una guerra eterna. Simplemente significa que debido al trauma de la guerra, la energía seguirá reproduciendo el evento una y otra vez, como un vídeo reproducido en bucle.

Por ejemplo, existen informes sobre la visión de soldados heridos por parte de personas que compraron casas que habían sido utilizadas como hospitales o morgues durante la Guerra de Secesión.

No hay forma de librarse de los fantasmas históricos, porque la mayoría de las veces no son fantasmas, sino energía residual que puede o no desaparecer con el tiempo. Si un fantasma histórico no es energía residual, entonces está ligado al edificio o al terreno.

¿Cuál es la forma más fácil de saber si un fantasma histórico es energía residual o un fantasma inteligente? Si intenta interactuar con el mundo de los vivos, se trata de un fantasma inteligente.

Si el fantasma no es residual, sino real, es totalmente inofensivo y no hay necesidad de librarse de él.

Fantasmas que viajan o hacen autoestop

Los fantasmas viajeros o autoestopistas son el tipo de espíritus que crean leyendas urbanas en todo el mundo.

Un fantasma autoestopista solo puede aparecer en el aniversario de su muerte, porque la mayoría de estos fantasmas fueron asesinados mientras hacían autoestop y suelen aparecer en el lugar donde murieron.

Este tipo de espíritu suele aparecer en una carretera o ruta concreta, y suele estar esperando un tren, caballo, coche, autobús, avión o algún otro tipo de transporte, pudiendo aparecer a cualquier hora del día o de la noche.

Resurrection Mary, en Chicago, es una de las historias de fantasmas autoestopistas más famosas que existen. La leyenda urbana afirma que Mary era una joven que murió de camino a casa después de un baile. Algunas versiones de la historia dicen que murió frente al cementerio de la Resurrección. Mucha gente dice haber recogido a una joven que hacía autoestop y que esta desapareció al pasar por dicho cementerio.

Yo tengo mi propio fantasma autoestopista. Casi siempre que voy o vengo de casa de uno de mis amigos, huelo a tabaco en el asiento trasero del coche. Aunque nunca veo humo, el olor es inconfundible: es tabaco de cereza. Lo sé porque un día me pasé más de una hora en un estanco, oliendo todos los tipos de tabaco hasta que lo encontré.

Primero noto el olor cuando paso por el cementerio que hay de camino a casa de mi amigo, y luego desaparece cuando me detengo en una señal de *stop* situada frente a un lugar que solía ser el emplazamiento de una mansión anterior a la Guerra de Secesión.

De vuelta a mi casa, huelo el tabaco en la señal de *stop*, que desaparece cuando paso por delante del cementerio.

Esto no ocurre siempre, pero sí con la frecuencia suficiente para llamarme la atención.

He intentado comunicarme con el espíritu varias veces, pero hasta ahora no ha respondido. Parece contentarse con sentarse en el asiento trasero durante el corto trayecto que hay hasta la señal de *stop*. Un día se me apareció. Olí el humo y miré por el retrovisor.

Me di cuenta de que debió haber sido un hombre muy distinguido y todo un caballero. Es un hombre mayor, de unos sesenta años, si tuviera que adivinarlo, y viste un traje de tres piezas de aspecto muy caro y que habría sido habitual a finales del siglo XIX.

Lleva el pelo, casi siempre gris, impecablemente peinado y el bigote bien afeitado y arreglado. Parece bastante corpulento pero, en mi opinión, es un hombre con clase.

Tengo que admitir que cuando aparece, lo cual ahora es menos frecuente, hablo con él en voz alta y le cuento mi día y lo que me pasa en la vida. Estoy segura de que la gente de los coches que pasan por mi lado deben de pensar que estoy loca, pero la verdad es que no me importa. Mi autoestopista me escucha amablemente y se desvanece en la señal de *stop*.

FANTASMAS ACTIVOS

Cuando la mayoría de la gente oye la palabra «fantasma», cree que se refiere al espíritu de una persona o animal que ha fallecido y que puede aparecerse a los vivos utilizando diversos medios. A veces, un fantasma puede manifestarse como una neblina, una sombra o tan real como tú o como yo. Normalmente, los fantasmas acechan ciertos lugares, objetos y/o personas que les eran familiares cuando estaban vivos, y se han mencionado ejércitos, barcos y animales.

Hay muchos tipos diferentes de fantasmas clasificados como «fantasmas activos». Los *poltergeist*, los vengadores, los fantasmas infantiles, los fantasmas que acechan y la mayoría de los tipos de inhumanos, como los demonios, entran en esta categoría por una sencilla razón: todos ellos pueden provocar una gran cantidad de actividad paranormal.

Las apariciones tradicionales o inteligentes suelen ser el producto de un fantasma activo. Este tipo de espíritus son capaces de encender y apagar luces, abrir y cerrar puertas, dar golpecitos en paredes, puertas y ventanas, etc. Los tipos más malignos de fantasmas activos pueden empujar, morder, arañar y dar puñetazos a personas vivas, a veces provocándoles daños de gravedad.

Los fantasmas activos casi siempre interactúan con los vivos para hacerles saber que están ahí. La mayoría de las veces, estos espíritus solo quieren ser reconocidos por los vivos de alguna manera o entregar un mensaje, mientras que otros tipos de espíritus activos (como demonios, vengadores y otros) se proponen causar estragos de forma intencionada y, en algunos casos, convertir la vida de los vivos en un auténtico infierno.

Que experimentes actividad paranormal no significa que tu casa esté encantada. Para que una casa esté encantada, debe cumplir ciertos criterios: la actividad paranormal debe ser consistente y el fantasma o espíritu debe ser inteligente. Por «inteligente» quiero decir que el fantasma debe intentar interactuar con los vivos de alguna manera.

Un buen ejemplo es mi experiencia personal con un fantasma activo.

Conocí a Nathaniel cuando yo tenía cinco años. Vivía en la segunda planta de la casa de mi tía abuela Tote, que tenía dos dormitorios y unos armarios con mucha capacidad en los que yo estaba convencida de que se guardaban cosas misteriosas. Como mi tía abuela solo ocupaba la primera planta de la casa, la segunda se utilizaba principalmente para guardar antigüedades, libros, muebles y otros objetos típicos de un desván. Era el lugar perfecto para un fantasma y una niña curiosa.

Mis padres estaban fuera de la ciudad durante el fin de semana, así que, como de costumbre, me quedé con mi tía abuela, una mujer maravillosa a la que quería como a la vida misma. Un día se fue a dormir la siesta tras hacerme prometer que no saldría de casa, lo que me dejó tiempo para curiosear por la segunda planta.

Subí la empinada escalera y giré en el pasillo del rellano. A mi derecha había un dormitorio enorme con cajas de libros, muebles y muchos otros objetos que me suplicaban que los investigara.

Sentada en el suelo con las piernas cruzadas, estaba vaciando una caja con impaciencia cuando sentí que alguien entraba en la habitación. Levanté la vista y vi la figura de un hombre vestido con pantalones antiguos, tirantes y una camisa blanca. Llevaba el pelo desgreñado y despeinado, y sus vivarachos ojos recorrían la habitación con nerviosismo. Parecía sacado de *La casa de la pradera*. Sin embargo, había algo raro en aquel hombre, algo que no encajaba. Podía ver a través de él hasta el pasillo.

—¿Quién es usted? —pregunté, mirándolo con asombro infantil.

—Soy Nathaniel —respondió. Sin embargo, no pronunció las palabras, sino que me vinieron solas a la cabeza.

—Hola, Nathaniel. ¿Eres un fantasma? —dije.

—Sí. Pero, por favor, no me tengas miedo. Me siento muy solo —suplicó Nathaniel.

—No te tengo miedo —aseguré—. Yo también me siento un poco sola. Podemos ser amigos.

Y así empezaron varios años de una amistad única. Cuando estaba en casa de mi tía abuela, pasaba incontables horas en el desván con Nathaniel. Él me observaba mientras yo coloreaba dibujos, jugaba y curioseaba los tesoros que había escondidos en las habitaciones. Compartíamos secretos, pero sobre todo nos hacíamos compañía.

El tiempo pasó y, a medida que crecía, mis viajes a la segunda planta se hicieron menos frecuentes y, finalmente, mi tía abuela murió y mi padre vendió la casa. Aunque ya no podía hablar con Nathaniel, a lo largo de los años pensaba a menudo en él y le echaba muchísimo de menos.

Unos dos meses antes de casarme, las personas que habían comprado la casa de mi tía abuela llamaron a mi padre y le dijeron que se estaban divorciando y que si quería volver a comprar la casa.

Mi padre aprovechó la oportunidad y nos la vendió a mi marido y a mí por una miseria. ¡No podía creer mi buena suerte! Me reuniría con Nathaniel. Había aprendido mucho sobre fantasmas a lo largo de los años y ahora sabía que Nathaniel pertenecía a la luz y que tenía que encontrar la manera de que cruzara al otro lado. Pasara lo que pasase, tenía que ayudar a mi primer mejor amigo y confidente.

Lo que no había previsto era que, además de Nathaniel, había otros dos fantasmas en la casa. Esto complicó un poco las cosas, porque tenía que explicarle a mi marido exactamente lo que soy y lo que puedo hacer. Le había dicho antes de casarnos que podía comunicarme con los espíritus; sin embargo, la experiencia me había enseñado que decirle a las personas lo que hago suele asustarlas. Como mi marido es ingeniero, las probabilidades de que comprendiera del todo las implicaciones de que yo fuera médium eran escasas. De hecho, se lo tomaba a broma y se burlaba constantemente de mis «amigos fantasmas». Tuve que lidiar con uno bastante activo nada más mudarme a la casa, una historia de la que hablaré más adelante en el libro.

Sin embargo, me tomé mi tiempo para subir a la segunda planta y reencontrarme con Nathaniel. Al igual que cuando era niña, subí sigilosamente las escaleras. Al doblar la esquina para bajar por la escalera, me vi envuelta de inmediato en una neblina blanca y sentí como unos brazos que me rodeaban el cuerpo.

«Yo también me alegro de verte, Nathaniel», me reí. «Por favor, suéltame para que podamos hablar».

La neblina se alejó de mí y se materializó en el Nathaniel que recordaba. Fue entonces cuando me di cuenta de que Nathaniel era una persona con discapacidad intelectual. Tenía un primo que había nacido con una discapacidad intelectual, y reconocí su cabeza demasiado grande, sus movimientos torpes y otros síntomas de esa condición. Nathaniel se encogió cuando se dio cuenta de que yo conocía su discapacidad.

—Ahora que lo sabes, no me hablarás más —dijo telepáticamente con profunda resignación.

—Eso no es cierto —dije—. ¿Cuándo moriste? —Me acomodé con las piernas cruzadas en el suelo del pasillo.

—En 1853, creo —respondió tímidamente.

—No recuerdo a nadie de mi familia, a excepción de mi primo, con tu condición. ¿Eres un miembro de mi familia? —pregunté.

—No. Llegué a esta casa hace mucho tiempo —respondió Nathaniel y se alejó hacia el dormitorio situado a mi derecha.

Me levanté del suelo y lo seguí. Se acercó a la única ventana alta y estrecha de la habitación, la cual daba a un lateral de la casa.

—Yo vivía allí —dijo Nathaniel.

—¿Dónde? —pregunté, colocándome con él junto a la ventana.

—En la esquina. Tiraron abajo mi casa para levantar otro edificio. No me gustaba estar allí, así que vine aquí porque el desván estaba vacío —respondió.

—¿Donde está la gasolinera? —dije, sabiendo que era el único edificio de la zona que no existía en la época en la que Nathaniel habría estado vivo.

—Supongo.

—Nathaniel, esto no es un desván. Es la segunda planta de una casa. Esta habitación es un dormitorio. ¿Por qué crees que es un desván?

—Mi familia me tenía miedo y vergüenza porque decían que estaba enfermo, así que cuando teníamos compañía o no querían molestarse conmigo, me hacían subir al desván para que nadie me viera —dijo con tristeza.

—Siento que te hicieran eso —dije, sabiendo que lo que él vivió era habitual en aquella época—. Entonces, ¿por qué no has ido hacia la luz y has cruzado al otro lado?

—Todo el mundo se burlaba de mí cuando estaba vivo. Fue horrible. No quiero volver a pasar por lo mismo. Por eso vine aquí. Nadie podría verme y no se reirían de mí. Cuando eras pequeña, nunca me hiciste sentir diferente. Ahora que has vuelto soy feliz aquí —respondió Nathaniel.

—Lo comprendo, pero si vas hacia la luz, te curarás. Ya nadie se reirá de ti y podrás volver a ver a tu familia —dije.

—No quiero ver a mi familia —aseguró, con una energía cargada de ira—. Ya no quiero hablar más contigo.

Con eso se desvaneció y sentí que su energía ya no estaba conmigo en la habitación. Decepcionada, bajé las escaleras hasta la primera planta.

Me hubiera gustado hacer comprender a Nathaniel que su discapacidad no trascendía a la muerte y que estaba perfectamente sano, pero la verdad es que estaba segura de que no me creería. Además, en aquel momento y hasta hoy, estoy agradecida de que mi don me permita entender lo que me dicen los fantasmas con frases completas y no solo en fragmentos, ya que así es mucho más fácil ayudarlos a hacer la transición de este mundo al siguiente.

Los días se convirtieron en semanas, y las semanas en meses. Me quedé embarazada y di a luz a mi hijo, y veintidós meses después a mi hija. Nathaniel, aunque siempre estaba presente, se negaba a ir a la luz, y yo estaba demasiado ocupada con mis hijos como para intentar convencerlo de que le convenía hacerlo.

Cuando mi hijo creció y aprendió a hablar, lo oía en su dormitorio (que es la misma habitación de la segunda planta en la que se encontraba Nathaniel) hablando con alguien.

—¿Con quién hablas? —le pregunté una noche después de oírlo conversar en su dormitorio. Me senté en el borde de la cama de mi hijo.

—El hombre, mamá. Se esconde cuando subes porque cree que te vas a enfadar —dijo mi hijo, con sus ojos castaños oscuros mirándome con seriedad.

—Se llama Nathaniel —le dije a mi hijo—. Solía jugar con él cuando era pequeña.

—¿Ah, sí? —Sus ojos se abrieron de par en par.

—Sí, y no me enfadaré. No tiene por qué desaparecer cuando subo aquí —le aseguré.

—¿Es un fantasma? —preguntó mi hijo.

—Sí, lo es. Pero es un fantasma bueno y no te hará daño —dije.

—¿Como Casper?

—Sí —me reí—. Como Casper. Ahora duérmete.

Metí a mi hijo en la cama y bajé despacio las escaleras hasta la primera planta. Tengo que admitir que estaba un poco nerviosa y orgullosa de que mi hijo hubiera heredado mi don, pudiera ver espíritus y no les tuviera miedo. Pero también sabía que tendría que empezar a enseñarle la diferencia entre un fantasma bueno y uno malo.

Con un fuerte suspiro, me senté en el sofá del salón a pensar. Ya es bastante difícil ser un niño sin tener la carga añadida de poder ver y hablar con los muertos. Tenía que encontrar la manera de ayudar a mi hijo a comprender el mundo de los espíritus y aceptar su don. Pasó el tiempo y mi hijo hablaba cada vez menos con Nathaniel, aunque nunca le pregunté por qué.

Un fin de semana, mi marido decidió colgar unas estanterías en la habitación de mi hijo para guardar su colección cada vez mayor de juguetes y tesoros. Le dije que no colgara las estanterías en la pared que había junto a la ventana porque allí era donde a Nathaniel le gustaba contemplar el lugar que había ocupado su casa. Mi marido hizo caso omiso de mis súplicas y colgó las estanterías con tacos de expansión justo al lado de la ventana de Nathaniel e hizo que mi hijo se subiera a las estanterías, en contra de mis protestas, para asegurarse de que eran fuertes y resistentes.

Una semana después, mi marido y yo nos llevamos a los niños de acampada. Al llegar a casa el domingo por la tarde, mi hijo subió corriendo las escaleras hasta su dormitorio.

—¡Mamá, sube! —gritó.

Al oír su aterrorizada voz, subí corriendo las escaleras y entré en el dormitorio. Allí me encontré con que las estanterías habían sido arrancadas de la pared, incluidos los tornillos, y que solo habían quedado los agujeros en la pared de yeso. Las estanterías habían sido lanzadas con fuerza por la habitación y los juguetes estaban esparcidos por todas partes.

Llamé a mi marido para que viniera y se quedó boquiabierto al ver aquel desastre.

—Te pedí que no colgaras ahí las estanterías —le dije, mientras empezaba a recoger los juguetes y a apilarlos en uno de los rincones del dormitorio.

—Bueno, sí, pero nunca pensé… —La frase de mi marido quedó inconclusa.

—Has enfadado mucho a Nathaniel, papá —dijo mi hijo, intentando ocultar la sonrisa que se dibujaba en sus labios.

—Supongo que sí. Esta vez no cometeremos el mismo error —respondió mi marido mientras recogía las estanterías del suelo y las apilaba ordenadamente contra una pared alejada de la ventana. Me di cuenta de que intentaba disimular el susto que le había dado la rabieta de Nathaniel.

Limpiamos el dormitorio y mi marido volvió a colgar las estanterías en la pared opuesta a la ventana, dejando a Nathaniel espacio más que suficiente para reanudar su visión por la ventana. El fin de semana siguiente, mi marido arregló los agujeros de la pared junto a la ventana y le dio una mano de pintura, aunque insistió en que me quedara arriba con él todo el tiempo por si Nathaniel aparecía. Nunca se lo dije, pero Nathaniel estuvo todo el tiempo en la puerta del dormitorio, vigilando de cerca las reparaciones para asegurarse de que su codiciado lugar junto a la ventana no se viera obstaculizado.

Unas semanas más tarde, mis padres se llevaron a los niños a visitar a unos familiares que vivían al norte. Estarían fuera unos días, así que decidí que era el mejor momento para intentar, una vez más, que Nathaniel fuera hacia la luz y cruzara al otro lado.

Subí a la habitación de mi hijo y me senté en su cama.

—Nathaniel, ven a hablar conmigo —dije—. No estoy enfadada por las estanterías.

Al cabo de unos segundos, Nathaniel apareció en la puerta y se dirigió a la ventana, mirando largamente hacia el solar donde una vez estuvo su casa.

—Siento lo que he hecho —dijo—. No quería asustar a los niños.

—No lo hiciste —le aseguré—. Pero realmente necesitas ir a la luz, Nathaniel. No perteneces a este lugar.

—Ya te he dicho que no quiero ver a mi familia —dijo, elevando la voz con ira.

—Lo entiendo. De verdad que lo entiendo. Pero es por tu propio bien. ¿Alguna vez te he mentido, Nathaniel? —dije.

—No.

—Entonces sabes que no miento cuando te digo que si vas hacia la luz te curarás. Serás normal, como todo el mundo, y nadie se burlará de ti ni será malo contigo. Allí serás más feliz —le supliqué.

—Tengo miedo —dijo, apartándose de la ventana para mirarme.

Deseé con todo mi corazón poder abrazarlo para consolarlo, pero las palabras eran la única herramienta de la que disponía.

—Sé que lo tienes, cariño. Y no pasa nada por tener miedo. ¿Te parece bien que llame a uno o dos amigos del otro lado para que vengan a ayudarte? Ellos pueden contarte cómo es allí; es algo que yo no puedo hacer —dije.

—Hablaré con ellos —asintió Nathaniel.

—Es todo lo que te pido —dije mientras me levantaba de la cama y me acercaba a él, junto a la ventana—. Todo irá bien, Nathaniel. Te lo prometo.

Bajé las escaleras y me tumbé en la cama, dejando que mi mente se despejara e invocando a mis guías espirituales. Al cabo de unos instantes, sentí que una presencia fantasmal entraba en la habitación y, telepáticamente, le dije a mi guía que necesitaba ayuda para llevar a Nathaniel a la luz y al otro lado, donde pertenecía.

Mi guía asintió y me aseguró que trataría el asunto con amor y cariño.

Juro que debería haber instalado una puerta giratoria hacia el otro lado en la habitación de mi hijo durante los días siguientes. Los espíritus entraban y salían tan deprisa y con tanta frecuencia que me mareaba con tanta energía.

El día anterior a que mis hijos volvieran a casa tras su viaje con mis padres, subí a ver cómo iban las cosas con Nathaniel. Fui de una habitación a otra en su busca, pero fue en vano. Nathaniel se había ido, por fin había pasado a la luz. De repente, sentí que la casa estaba vacía, como si se hubiera abierto un agujero en la energía del hogar, y el vacío que sentí en mi alma fue doloroso. Aunque experimenté alivio por que Nathaniel hubiera ido hacia la luz, eché mucho de menos a mi amigo.

Se podría pensar que la historia termina aquí, pero no es así. Unos años después de que Nathaniel se hubiera ido, vendimos la casa y compramos otra a un kilómetro y medio de distancia.

El día de la mudanza, fui la última en llegar a la casa y di una vuelta para asegurarme de que no me dejaba nada. Subí las escaleras y paseé por la habitación vacía que había ocupado mi hija, y, cuando me di la vuelta para marcharme, Nathaniel apareció en la puerta. Ya no estaba inválido y parecía fuerte y robusto.

—¡Nathaniel! —exclamé—. ¿Qué haces aquí?

—Solo he venido a despedirme y darte las gracias. Soy muy feliz ahora que estoy donde debo estar. Has sido mi mejor amiga y dentro de muchos años, cuando te llegue la hora de cruzar al otro lado, estaré allí para recibirte.

—De nada, amigo mío —dije, con lágrimas en los ojos—. Me alegro mucho de que seas feliz. Te quiero y te echo de menos.

—Yo también te quiero. Siempre estaré cerca de ti —respondió.

La energía de Nathaniel se desvaneció y, una vez más, me quedé sola con mis pensamientos y emociones. Aunque no es raro que un espíritu pueda ir y venir entre el plano terrenal y el otro lado, me reconfortó mucho saber que Nathaniel quiso volver, aunque fuera por tan poco tiempo.

Eché un último vistazo a mi alrededor y salí de la casa, cerrando la puerta a ese capítulo de mi vida.

Un fantasma activo se manifiesta de muchas maneras. Si tienes un fantasma o espíritu activo en tu casa o negocio, serás muy consciente de su presencia.

Vengadores

Este tipo de espíritus regresan por una de estas dos razones: o bien para vengarse de alguien que creen que los perjudicó cuando estaban vivos, o bien para vengar su propia muerte.

Por ejemplo, una víctima de un asesinato sin resolver puede volver para intentar revelar quién la mató. Básicamente, los espíritus vengadores buscan lo que perciben como algún tipo de justicia.

¿Recuerdas la película *Ghost*? En ella, el personaje interpretado por Patrick Swayze se clasificaría como un espíritu vengador porque buscaba justicia por su muerte y no descansaría hasta que la persona responsable de ella rindiera cuentas. Mientras tanto, uno de sus principales objetivos era convertir la vida de su asesino en un infierno.

Este tipo de fantasma suele vestir la ropa que llevaba cuando estaba vivo y puede aparecerse en la escena del crimen, en su tumba o a sus seres queridos para pedirles ayuda.

Los espíritus que buscan venganza pueden ser masculinos o femeninos, y, aunque muchas veces se muestran como apariciones, no pueden verbalizar sus necesidades a los vivos e intentarán comunicarse de otras formas.

Pueden provocar que haya zonas más frías en las habitaciones o un repentino descenso de la temperatura. A veces el comportamiento de los espíritus vengadores es violento hacia la persona o personas que creen que los perjudicaron cuando estaban vivos, y son capaces de lanzar objetos, dar portazos y empujar a la gente por las escaleras o delante de los coches.

Los vengadores pueden seguir apareciendo en el lugar de su muerte o ante sus seres queridos durante muchos años y desaparecer cuando consideran que se ha hecho justicia. En casos extremos, los vengadores pueden hacer daño a los vivos, dirigiéndose normalmente a la persona o personas a las que consideran culpables.

Algunos investigadores de lo paranormal confunden a los espíritus vengadores con demonios o *poltergeist* por su comportamiento violento. Sin embargo, un fantasma que busca venganza solo tiene un objetivo: hacerle la vida lo más terrorífica posible a la persona a la que persigue hasta que se haga justicia.

Nunca me he topado personalmente con un fantasma o espíritu vengador, y no es una experiencia que me entusiasme. Este tipo de entidades pueden ser muy difíciles de eliminar, porque están empeñados en vengarse y/o hacer justicia. Se necesitaría mucha investigación y experimentación no solo para identificar quién era el fantasma cuando estaba vivo, sino también para convencerlo de que tiene que cruzar al otro lado sin que se cumplan sus objetivos.

Si tienes este tipo de fantasma o espíritu en tu casa o negocio, lo mejor es que llames a un investigador de lo paranormal o médium para que te ayude a librarte de él. No hay muchas probabilidades de que este tipo de espíritu se vaya hasta que se haya cobrado venganza, por lo que debes estar preparado para llevar a cabo una investigación exhaustiva. Si averiguas su identidad, podrás ayudarlo a cumplir su propósito y finalmente cruzar al otro lado. Un buen investigador de lo paranormal o un médium deberían ser capaces de ayudarte a conseguir tu objetivo.

Fantasmas de niños

Encontrar el espíritu de un niño puede romperte el corazón, aunque hay excepciones. Suelen estar solos, perdidos y asustados. En la mayoría de los casos solo buscan a su madre o a su padre. Sus lastimeras voces, que pueden aparecer durante sesiones de psicofonías, resultan desgarradoras.

Otros fantasmas infantiles pueden aparecerse a sus afligidos padres para asegurarles que están bien y reconfortarlos. Sin embargo, hay ocasiones en las que los padres que han sufrido la muerte de un hijo no pueden dejarlo marchar, y su hijo no es capaz de cruzar al otro lado.

Cuando se da este tipo de situación, es terrible tanto para los padres como para el niño, que simplemente espera que sus padres le digan que ya puede irse y dirigirse hacia la luz.

No me cansaré de insistir en lo importante que es que los padres de un niño en agonía o que ha acabado de fallecer le den permiso para que cruce al otro lado; de lo contrario, el niño puede estar destinado a vagar por la Tierra como un espíritu durante toda la eternidad, un destino que ningún padre desea conscientemente para su hijo.

Por otro lado, hay niños fantasma que son felices residiendo en una casa junto a los vivos. Personalmente, me he encontrado con uno de estos encantadores espíritus infantiles. Vive en una casa con una pareja que no pudo tener hijos.

Esta pareja es consciente de su presencia y les encanta recorrer tiendas de antigüedades y mercadillos en busca de juguetes que le resulten familiares. Incluso han convertido una habitación libre en un dormitorio de niña con mobiliario victoriano, porque cuando la niña aparece, va vestida con un traje de esa época. Esta niña fantasma es muy educada e interactiva. Le encanta hacer botar pelotas por las escaleras y que se las devuelvan. También le gusta jugar con sus juguetes, y la pareja ha establecido límites como se haría con cualquier niño.

La pareja ha llevado a cabo una investigación exhaustiva de su casa y de los antiguos propietarios desde principios del siglo XIX, cuando se construyó, pero no ha podido encontrar ningún registro de la muerte de un niño en esa casa.

En esta situación concreta, es muy probable que la niña fantasma residiera en una casa cercana que en algún momento fue demolida, y simplemente se trasladó a una casa que ella reconocía como la que había cuando estaba viva.

Tuvo la suerte de encontrar una pareja que la adora. Es una niña fantasma con mucha suerte.

Este tipo de situación es muy poco frecuente y, personalmente, sigo planteándome el hecho de que, por muy feliz que sea esta niña, debería cruzar al otro lado, que es donde debería estar. Sin embargo, no soy yo quien lo decide, sino la pareja propietaria de la casa y la propia niña.

Sin embargo, no todos los fantasmas infantiles resultan tan adorables como el del ejemplo anterior. A veces, los niños fantasma pueden volverse malvados, vengativos y malcriados. Yo creo que actúan de forma inapropiada porque están asustados, solos y desesperados, pero esto no excusa dicho comportamiento.

Los niños fantasma pueden llegar a estar tan desesperados por algo de compañía que deseen que un niño vivo se una a ellos de forma más permanente. Aunque sucede muy pocas veces, esto podría llevarlos a intentar matar al niño para satisfacer sus necesidades egoístas.

Un niño fantasma podría empujar a un niño por una ventana o delante de un coche en marcha, o convencerlo de que participe en una actividad que podría matarlo, todo porque el niño fantasma quiere compañía.

Hace unos años, me enteré de un caso en el que un niño fantasma que había sufrido un ahogamiento intentó llevar a un niño al estanque donde él había muerto. Afortunadamente, la criatura se resistió y avisó a sus padres, que, como es lógico, se alarmaron. Ellos se pusieron en contacto con un grupo de investigación paranormal, que acabó ayudando a la pobre alma del niño a cruzar al otro lado.

Por terrorífico que parezca el escenario anterior, hay que recordar que se trata de la mentalidad de un niño, y aunque pueden obligar a otro niño a realizar este tipo de actos, los niños fantasma no suelen ser malvados; solo buscan amistad y alguien con quien jugar.

Un niño fantasma puede jugar con tu hijo igual que lo hacía cuando estaba vivo. Esto no significa que vaya a intentar matarlo, pero sería prudente que vigilaras la situación y prestaras especial atención cuando tu hijo mencione lo que tú crees que es un amigo imaginario.

Un fantasma aparentemente violento que tira cosas, da portazos, etc., podría ser solo un fantasma infantil con una rabieta, o podría ser algo mucho más peligroso, como un *poltergeist* o un demonio. Lo más importante es determinar si tu fantasma es un niño u otra forma de espíritu. Esto puede ser difícil de hacer en algunas situaciones, y si no estás seguro de si tu morador invisible es un niño fantasma o algo más, deberías llamar a un investigador de lo paranormal para que te ayude a averiguarlo.

En algunos casos, un demonio puede aparecer como un espíritu infantil en un intento de hacerte bajar la guardia y que confíes en él. Esto lo hacen para tener tu casa bajo control. Un investigador de lo paranormal debería ser capaz de determinar si esto es lo que sucede en tu hogar o negocio.

Fantasmas acechadores

Las auténticas apariciones, como ya he comentado, son muy raras, pero cuando ocurren pueden ser atribuidas a un fantasma acechador o a otros tipos de fantasmas.

Los fantasmas acechadores suelen encontrarse en lugares que adoraban cuando estaban vivos, o cerca de personas y/o lugares de los que no pueden despedirse ahora que están muertos. Aunque pueden confundirse con los fantasmas residuales, los acechadores solo quieren permanecer en el lugar que los hizo felices cuando estaban vivos, y pueden interactuar o no con nosotros. En algunos casos, un fantasma acechador puede estar en un lugar determinado para proteger a las personas que viven o trabajan allí. Estos fantasmas pueden ser hombres o mujeres, y a menudo aparecen con la misma ropa que llevaban cuando estaban vivos. Sin embargo, pueden parecer humanos o inhumanos a voluntad, y normalmente solo frecuentan un lugar.

El fantasma acechador tiene un patrón concreto de comportamiento, y los vivos pueden tener la sensación de que el fantasma puede pensar, responder y comunicarse con quienes están presentes, siendo así en muchos casos.

También pueden subir y bajar escaleras, abrir o cerrar puertas, aparecer en la habitación en la que te encuentras o mostrar otros tipos de comportamiento. En muchos casos, un fantasma de este tipo puede confundirse con otros fantasmas, como los *poltergeist*. Los fantasmas que acechan pueden aparecer muchas veces o decidir hacerlo una sola vez.

Por ejemplo, un propietario anterior de tu casa puede haberla apreciado tanto que no quiera irse. En algunos casos, puede ignorar que está muerto y provocar alborotos, pero, en otros, solo quiere quedarse en la casa que tanto le gustó en vida.

Los fantasmas acechadores también pueden estar ligados a una persona a la que quisieron y que sigue viva; por ejemplo, un cónyuge, un mejor amigo, una hermana o un hermano. Esto no significa que estos espíritus vayan a poseerte, sino todo lo contrario. Solo quieren estar cerca de alguien a quien amaron.

Estos fantasmas podrían darte pistas sobre quiénes son de diferentes maneras, por ejemplo, moviendo o tirando al suelo fotos de sí mismos. También podrían traerte recuerdos a la memoria o ponerte delante algunas pertenencias, como una de sus joyas favoritas. La joya podría aparecer en cualquier lugar, como en el suelo delante de ti, en el tocador o en la encimera de la cocina. Cuando se produce este tipo de fenómeno, no es más que la forma que tiene tu ser querido de decir que está ahí, cerca de ti. Saber quién es el fantasma que te acecha debería darte tranquilidad, no asustarte.

Poltergeist

En alemán, la palabra «poltergeist» significa literalmente «fantasma ruidoso». Es un nombre bastante apropiado para este tipo de fantasma, porque si tienes un *poltergeist* en tu casa, habrá ruido... y mucho.

Los *poltergeist* pertenecen a un tipo de fantasma que pueden tener un efecto devastador en el mundo de los vivos. Son muy hábiles golpeando paredes y puertas, abriendo y cerrando armarios, poniendo música, haciendo ruido de pasos, encendiendo y apagando luces, tirando de la cadena del váter y lanzando objetos por la habitación con violencia. También pueden cambiar el canal de televisión, desconectar llamadas telefónicas y, básicamente, manipular casi cualquier cosa a su antojo.

Se han registrado casos de *poltergeist* que tiran del pelo, de la ropa y de las sábanas, y los *poltergeist* más malignos pueden incluso empujar, abofetear y arañar a las personas.

Estos bromistas son capaces de mover o lanzar objetos, y pueden hacer que algo desaparezca y reaparezca en otro lugar siempre que lo deseen. Los *poltergeist* también suelen romper objetos de cristal y les gusta lanzar platos y vasos por los aires. En algunos casos, pueden hacer jirones la ropa y arrojar piedras y tierra.

En casos extremos, se sabe que los *poltergeist* provocan ruidos de explosiones, gritos o voces y sacuden las camas con fuerza. También pueden hacer aparecer charcos de agua de la nada, hacer sonar teléfonos y timbres, y provocar lesiones físicas. En pocas palabras, muchos *poltergeist* no son fantasmas amistosos y pueden convertir tu vida en un infierno. También podrían clasificarse como «fantasmas que hacen daño».

Normalmente, los *poltergeist* apenas intentan comunicarse con las personas vivas y no muestran ningún apego real a los lugares que frecuentan. Esto los convierte en uno de los tipos de fantasmas más complicados de eliminar, porque es muy difícil saber qué quieren, si es que quieren algo.

Los *poltergeist* también pueden desaparecer tan rápido como aparecen. Sencillamente, no hay ninguna razón que explique por qué frecuentan determinado lugar, su comportamiento o su repentina marcha, si es que deciden irse.

No es extraño que un *poltergeist* centre su atención en una persona concreta de la casa, o *agente*, y es posible que notes un aumento de la actividad *poltergeist* siempre que el objetivo esté cerca de él.

Existe la hipótesis entre algunos investigadores de lo paranormal de que la mayoría de la actividad *poltergeist* puede atribuirse a la presencia de un adolescente en casa.

En teoría, debido a los grandes cambios hormonales que se producen en los adolescentes, estos pueden provocar de forma involuntaria una actividad similar a la de los *poltergeist*. Si tienes adolescentes en casa, presta especial atención a quién está presente cuando se produce la actividad *poltergeist*. Si suele ocurrir cerca de tu hijo adolescente o cuando este se encuentra en la misma habitación que la actividad, existe la posibilidad de que él lo esté provocando sin querer.

Si es así, no te enfades con él ni le digas que deje de hacerlo. La verdad es que no es culpa suya, y ni siquiera es consciente de que es el causante. No deberías culpabilizar a tu hijo por algo que está fuera de su control. Ten la seguridad de que, cuando madure físicamente, dejará de hacer tales cosas.

También puedes prestar atención al nivel de estrés y ansiedad de tu hijo adolescente, ya que esto puede desencadenar una actividad similar a la de los *poltergeist*. Si crees que tu hijo está estresado o sufre ansiedad, deberías hablarlo con tu médico de cabecera.

Algunos *poltergeist* son clasificados como «demonios» por ciertos investigadores de lo paranormal porque pueden ser muy violentos y malvados. Todo depende de la personalidad del *poltergeist*. Algunos pueden tener modales muy delicados y disfrutar haciendo travesuras como esconder las llaves del coche, encender y apagar las luces o golpear puertas o paredes. Los *poltergeist* más vengativos pueden poner tu casa patas arriba.

Cuando te enfrentes a un *poltergeist*, lo más importante que debes hacer es hablarle con voz firme pero tranquila.

No grites o amenaces a un *poltergeist* porque podrías provocar que la actividad paranormal de tu casa aumentara. Tu objetivo es hacerle saber, con rotundidad, que eres tú quien tiene el control de tu casa, no él. Aun así, puede que la actividad no se detenga o incluso que empeore.

Un buen ejemplo de esto ocurrió mientras trabajaba en un caso de *poltergeist* hace muchos años. Lo recuerdo porque fue una de las pocas veces que pensé en salir por la puerta de la casa del cliente y no volver la vista atrás. Los clientes se habían puesto en contacto conmigo por el comportamiento violento que estaban experimentando, como objetos que salían volando de mesas, encimeras y aparadores. Estaban aterrorizados, y la verdad es que no podía culparlos.

En fin, cuando llegué a la casa los clientes me estaban esperando en la puerta. Nada más entrar, noté que la energía de la casa parecía electrificada y caótica. Antes de que pudiera siquiera orientarme, un cuchillo salió volando hacia mí, literalmente de la nada, y se clavó en el marco de madera de la puerta, junto a mi cabeza. Los clientes gritaron horrorizados, y en ese momento me debatí entre quedarme o irme, pero solo por un segundo; sabía que tenía que actuar rápido para arreglar la situación.

Respiré hondo y, con calma, levanté la mano y agarré el cuchillo, sacándolo del marco de la puerta. «¿Esto es lo mejor que sabes hacer?», pregunté en voz alta al *poltergeist* presente.

En una fracción de segundo, la energía de la casa cambió drásticamente; fue como si toda ella soltara un suspiro de alivio. Hicieron falta varias visitas, pero finalmente los propietarios y yo pudimos liberar la casa del *poltergeist*.

No suelo enfrentarme a uno como lo hice en esa ocasión, pero la situación exigía que yo la tuviera bajo control y no mostrara ningún miedo. No estoy segura de que enfrentarse a un *poltergeist* de este modo sea lo más adecuado, pero en ese caso funcionó.

No recomendaría provocar a un *poltergeist* de la forma en que yo lo hice, porque en algunos casos este podría reaccionar con extrema violencia. Cada uno es diferente, y en el ejemplo anterior simplemente me arriesgué.

Algunas de las técnicas de este libro, como utilizar incienso o agua bendita y hablar con los fantasmas, me han funcionado, pero con los *poltergeist* nunca se sabe, y puede que tengas que repetir unas cuantas veces el método que hayas escogido para expulsarlo.

Según mi experiencia, la técnica del sahumerio (véase el capítulo 6 para obtener más información) es la forma más eficaz de calmar al *poltergeist* o hacer que cese su actividad, al menos por un tiempo. La técnica más efectiva que he encontrado es repetir la limpieza y purificación con humo tanto como sea posible, incluso a diario, para hacer que el entorno del *poltergeist* se vuelva tan insoportable que simplemente se rinda y se vaya por su propia voluntad.

Fantasmas con propósito

Quienes se dedican al mundo paranormal asumen que los fantasmas con propósito regresan por una razón específica, y que lo hacen después de la muerte porque se sienten motivados por algo que creen que es muy importante.

Por ejemplo, podrían volver para visitar a su cónyuge o a sus hijos una vez más; para decirle a sus seres queridos dónde está escondido un dinero o unos documentos importantes, o para avisar a alguien de una enfermedad o muerte inminente. Los fantasmas con propósito también pueden ser considerados mensajeros, dependiendo del motivo por el que hayan decidido regresar.

Los fantasmas de este tipo tienen un propósito diferente al de los fantasmas vengadores, ya que quieren advertir a los vivos o transmitir algún tipo de información. Suelen ser fantasmas amables y bondadosos, mientras que los vengadores suelen estar enfadados y cargados de ira.

No hay nada que temer si te encuentras con un fantasma así, ya que suele ser el espíritu de un ser querido o amigo que ha fallecido, y, si prestas atención, te transmitirá un mensaje importante.

Los fantasmas con propósito pueden manipular multitud de objetos para entregar su mensaje, o pueden aparecer justo delante de ti e intentar hablarte. Por lo general, se comunican mediante telepatía, por lo que es importante que despejes la mente y dejes que te lleguen los mensajes. Reconocerás que los pensamientos no son tuyos y sabrás que es un fantasma con propósito el que intenta decirte algo que considera importante.

También puede utilizar objetos para hacerte saber que está ahí. Por ejemplo, si tienes una foto suya en casa, podría tirarla, moverla o hacer que aparezca en distintos lugares para que sepas quién es esa presencia invisible.

También puede dejarte otras pistas. Por ejemplo, podría intentar llevarte a un lugar concreto para transmitirte un mensaje; hacer que las luces parpadearan para que lo siguieras, o abrir un cajón donde guarda algo que necesita que veas o mires más de cerca. O, tal vez, utilizar una radio o televisión encendida para hablar directamente a través de ella y entregarte su mensaje o comunicarte el objetivo de su presencia.

Un fantasma de este tipo puede tener otras razones para que se te aparezca. Tal vez su muerte pareció debida a un accidente o a un suicidio, pero en realidad fue un asesinato. El propósito de este fantasma sería entonces decirte que fue asesinado para que pudieras alertar a las autoridades.

No importa la razón, los fantasmas con un propósito siempre tendrán algo que consideren lo suficientemente importante como para intentar llamar tu atención y poder encontrar la paz.

Fantasmas de las reformas

Un fantasma de las reformas aparecerá tan pronto (o poco después) como comiences a renovar tu hogar. Se cree que este tipo de espíritu puede haber estado dormido durante años y despertarse cuando comienzan las reformas de una casa.

Este tipo de entidad puede esconder herramientas o materiales de trabajo, o hacer otras travesuras que pueden hacerte creer que tienes un *poltergeist*. Pueden enchufar o desenchufar herramientas eléctricas, mostrarse como apariciones y asustar a los trabajadores o mover cosas de sitio.

Los fantasmas de las reformas o bien se alegran de las reformas, porque alguien está mejorando su morada, o bien están molestos porque las cosas están cambiando a su alrededor.

Es muy probable que antes de empezar las reformas nunca hayas experimentado ningún tipo de actividad paranormal en tu casa o negocio, y de repente tengas muchísima.

Ten en cuenta que un fantasma de las reformas puede aparecer incluso en casas de nueva construcción. Esto se debe a que muchas veces el fantasma o espíritu está ligado al terreno, no a la casa. El hecho de renovar o incluso construir una casa es suficiente para despertar a un fantasma que puede haber estado latente en el terreno durante cientos de años.

La forma más fácil de tratar con un fantasma de las reformas es hablarle con tranquilidad y explicarle que las reformas son necesarias para hacer el edificio más confortable, y que entiendes que el trabajo es molesto, pero que al final merecerá la pena. Normalmente, una conversación agradable con un fantasma de las reformas calmará un poco los ánimos. Por lo general, un fantasma de este tipo aparecerá al comienzo de las reformas y desaparecerá en cuanto estas finalicen.

Un amigo mío tuvo que lidiar con un fantasma de las reformas cuando estaba remodelando la segunda planta de su casa. Las herramientas se movían; los listones de madera cambiaban de sitio y se volvían a apilar en diferentes lugares; los cables alargadores se enrollaban o desenrollaban y se esparcían por la habitación, dependiendo del humor del fantasma, y se oían pasos por la segunda planta de noche, como si el fantasma estuviera supervisando los progresos. Una vez terminado el proyecto, no se volvió a saber nada de él, que al parecer aprobaba la modernización de su espacio.

Fantasmas mensajeros

Los fantasmas mensajeros son exactamente eso, por lo que su único propósito es transmitir un mensaje a alguien que conocieron en vida. El mensaje puede tratar sobre cualquier cosa, pero sea cual sea el tema, es lo bastante importante para el fantasma como para quedarse allí hasta que se reciba. Este mensaje puede ser una advertencia de una enfermedad o muerte próxima, un adiós a los seres queridos y amigos, o para decir dónde se esconde algo, entre muchas otras razones.

Los fantasmas mensajeros interactuarán con los vivos con el fin de entregarles su mensaje. Una vez que lo hayan hecho, estas entidades cruzarán al otro lado y no volverán al mundo de los vivos, a menos que tengan otro mensaje.

Los fantasmas mensajeros pueden aparecer junto a su propia tumba, en tu casa o lugar de trabajo, e incluso en tus sueños para lograr su objetivo. Aunque la mayoría de ellos se mostrarán como una aparición de cuerpo entero o parcial, también es posible que se den a conocer de otras formas. Pueden hacer que aparezcan textos escritos en un ordenador, un trozo de papel, paredes o espejos, o puede que intenten hablarte directamente.

Los fantasmas mensajeros se frustran con facilidad, porque si se muestran como una aparición de cuerpo entero, generalmente asustarán a la persona a la que se le aparecen, la cual gritará y huirá aterrorizada de la habitación. Sin embargo, no hay nada que temer de estos fantasmas, y una vez superado el susto inicial, le será más fácil entregar su mensaje y seguir su camino.

Algunos fantasmas mensajeros, o simplemente «mensajeros», se aparecerán a un ser querido para decirle que está bien y para consolar al familiar o amigo afligido.

En la categoría de «mensajeros» hay muchos tipos diferentes de entidades; los más habituales son familiares o amigos que han fallecido.

Los fantasmas que quieren ayudar a los vivos son siempre amistosos y se desviven por encontrar métodos de comunicación con ellos. Los ángeles, los guardianes y los espíritus guía, por lo general, no pueden hablar directamente con los vivos, pero sí pueden aparecer en sueños o intentar darnos un empujón en la dirección correcta sin interferir en nuestro libre albedrío.

Los mensajeros, por otro lado, no solo pueden aparecer en nuestros sueños para entregarnos mensajes, sino que también pueden manifestarse como apariciones de cuerpo entero para hacernos llegar sus mensajes.

En el caso de que un mensajero sea un ser querido, una vez entregado el mensaje, generalmente no volverá a aparecerse, a menos que lo considere necesario. En la mayoría de los casos, un mensajero estará en paz después de haber terminado de hacer lo que consideraba importante.

Los fantasmas mensajeros suelen ser translúcidos y aparecer con la misma ropa que llevaban cuando estaban vivos. Pueden ser hombres o mujeres y se aparecerán a personas vivas que conocían y en las que confiaban cuando ellos mismos estaban vivos.

Un mensajero también puede aparecer para avisar de una enfermedad, muerte o crisis inminente, o para transmitir un secreto. Si hay un fantasma mensajero en tu casa o negocio, no significa que el lugar esté encantado. Un fantasma mensajero se considera un suceso paranormal o una serie de sucesos.

Este tipo de fantasma se aparecerá repetidamente, hasta que los vivos entiendan lo que está intentando decirles, y entonces se marchará. Es poco probable que, una vez que un fantasma mensajero ha entregado su mensaje, vuelva a aparecer.

Por ejemplo, supongamos que alguien ha muerto y la familia no puede localizar el testamento de la persona fallecida, aunque están seguros de que existe uno. Un fantasma mensajero podría aparecérseles y decirles dónde está, o acudir a ellos en sueños para darles la ubicación exacta del testamento. También es posible que el fantasma haga que se abra un cajón o provoque otro tipo de suceso que conduzca a la familia de nuestro ejemplo hasta el testamento.

Muchos fantasmas mensajeros también pueden clasificarse como «fantasmas que ayudan», porque algunos de los mensajes que entregan son para ayudar a los vivos. Hay varios tipos de fantasmas mensajeros, todos con sus características únicas.

Fantasmas de cementerio

Un fantasma de cementerio es un tipo de espíritu al que puede verse cerca de su tumba días, semanas o meses después de su muerte.

Estos espíritus pueden aparecer antes de que crucen al otro lado o decidan visitar el lugar de descanso final de su cuerpo. Es posible, aunque poco frecuente, que los fantasmas de cementerio aparezcan en su tumba muchos años después de haber fallecido.

Los fantasmas de cementerio pueden aparecer junto a su lugar de enterramiento cuando un ser querido está de visita en el cementerio, o incluso pueden aparecerse a desconocidos.

Nadie sabe a ciencia cierta por qué los espíritus eligen aparecer junto a sus tumbas. La verdad es que es muy raro que un cementerio esté encantado, porque el espíritu no solía tener apego al cementerio en vida.

Una hipótesis sobre por qué los espíritus aparecen en sus tumbas es que tienen un mensaje que entregar a un familiar o amigo, y están esperando a que visiten sus tumbas para hacerlo antes de cruzar al otro lado, o volver del otro lado, dependiendo del caso.

Si te encuentras con un fantasma de cementerio, ya sea un amigo, un familiar o un extraño, no le tengas miedo. Los fantasmas de los cementerios no están ahí para hacer daño a nadie; solo quieren ocuparse de algunos asuntos pendientes antes de descansar en paz, y puede que tengas la oportunidad de ayudarlos.

Lo mejor que puedes hacer si te encuentras con un fantasma de cementerio es hablarle con calma, tanto si lo conoces como si no. Puedes preguntarle si necesita ayuda o qué quiere, o puedes decirle lo que te apetezca, siempre que no sea de forma agresiva. No hay razón para gritarle o ignorarlo. Por lo general, un fantasma de este tipo se comunicará contigo a través de la telepatía. Piensa que es una buena oportunidad de ayudar a alguien, aunque esté muerto.

Personalmente he tenido la suerte de ayudar a un fantasma de cementerio. Un día estaba en el cementerio de mi ciudad haciendo una investigación genealógica sobre algunos de sus fundadores, cuando se me acercó una ancianita.

Iba muy elegante y, sinceramente, parecía fuera de lugar.

—¿Puedes ayudarme, querida? —me preguntó de forma telepática. Al darme cuenta de que esta mujer era un fantasma y no una persona viva, respondí también del mismo modo.

—¿Qué necesitas?

—¿Sabes quién tiene mi broche camafeo? —contestó con sus ojos sin vida clavados en los míos.

—No, no lo sé. ¿Cómo te llamas? —pregunté.

—Isabella. Estoy enterrada aquí. —Levantó un huesudo dedo y señaló hacia el este.

—¿Puedes enseñármelo? —le dije.

Seguí a Isabella mientras recorría las lápidas. Finalmente se detuvo ante una modesta pero bonita. Reconocí su apellido al leer la inscripción y me sorprendió ver que llevaba muerta diez años.

—Pobrecita. ¿Has estado vagando por aquí todo este tiempo? —Luché por contener las lágrimas.

—Sí. ¿Puedes ayudarme?

—Lo intentaré —prometí.

Unos días más tarde, asistí a un acto de la sociedad histórica de mi ciudad y vi que la hija de Isabella, Lisa, estaba ahí. Suspiré, sabiendo que iba a tener que preguntarle por el broche y que no sería fácil hacerlo.

Después de presentarme, le pregunté por el camafeo de su madre. Sus ojos se abrieron de par en par y me miró con desconfianza.

—¿Qué pasa con el broche de mi madre? —preguntó.

Como no tenía otra opción, le expliqué quién era y a qué me dedicaba, y luego le conté que había hablado con su madre en el cementerio.

—Yo tengo el broche —dijo—. Pero si lo que dices es cierto, iré al cementerio contigo.

—Como quieras —me encogí de hombros. Estaba claro que no estaba convencida.

Lisa me siguió hasta el cementerio y, cuando salió del coche, vi que su madre se abalanzaba sobre ella e intentaba abrazarla. Lisa se estremeció con el calor que hacía y comentó el repentino frío.

—Era tu madre la que te abrazaba —le expliqué.

Después de decirle a Isabella que Lisa tenía su broche, pasé la hora siguiente tendiendo un puente entre Lisa y su madre, dándoles una última oportunidad de despedirse.

Cuando terminaron, Isabella me dio las gracias y desapareció. Lisa se quedó en silencio, conmocionada, intentando asimilar lo que acababa de ocurrir. Luego me abrazó y me dio las gracias de todo corazón.

—Solo hago mi trabajo —dije. Y así terminó otro día en mi vida de médium.

Fantasmas de transición

Un fantasma de transición es un tipo de espíritu que se aparece a los miembros vivos de su familia y/o amigos íntimos poco después de haber fallecido. Por lo general, un fantasma de este tipo aparecerá solo durante unos instantes, y puede que escuches la voz del difunto pronunciando tu nombre. También es posible que este fantasma encuentre otra forma de comunicarse.

Por ejemplo, cuando mi padre se estaba muriendo, sentí a la Muerte nada más entrar en la habitación de la UCI que ocupaba en el hospital. Es una sensación de frío que te atenaza el corazón y te deja sin aire.

Mi padre yacía inmóvil en su cama. Oía de fondo las máquinas y los tubos que lo mantenían con vida.

El entorno impersonal y estéril contrastaba con la calidez que sentí cuando tomé su mano. Me agarró con fuerza. Luego abrió los ojos y me miró. Nuestros ojos se encontraron y se dijeron mil palabras en silencio. Ambos sabíamos que había llegado el momento.

Pensé que era irónico que acabara así. Él me había rescatado de un orfanato cuando yo era solo un bebé. Mi madre había querido un hijo. Mi padre, una hija.

Al crecer, siempre fuimos mi padre y yo contra el mundo. Hicimos de todo juntos: pescamos, hicimos carreras de coches, acampamos. Mi madre siempre parecía ajena a nuestra vida. ¿Cómo iba a sobrevivir sin él? Era mi confidente. Mi mejor amigo.

Ahora, como debía ser, estábamos los dos solos. Mi madre estaba sentada en casa en una silla de ruedas, esperando a que la llamara para decirle que todo había terminado.

Su respiración se volvió irregular y sentí que la Muerte se movía desde un rincón de la habitación hasta los pies de la cama. No nos quedaba mucho tiempo.

¿Qué le dices al hombre que te dio el mundo entero cuando sabes que estas son las últimas palabras que oirá?

Unas lágrimas silenciosas empezaron a rodar por mis mejillas y le agarré la mano con más fuerza. «Te quiero, papá», le dije.

Su mano apretó la mía.

La Muerte lo tomó suavemente en sus brazos y puso fin a su sufrimiento.

Me senté, con su mano aún entre las mías, y observé su rostro relajado, libre del dolor y el sufrimiento. Un cálido sentimiento envolvió mi corazón como una manta cuando su espíritu apareció ante mí: parecía sano y sus ojos azules centelleaban. Entonces oí su voz en mi cabeza: «Tranquila, guisantito. Ya soy libre. Cuida de tu madre. Siempre te querré». Con esas palabras, se desvaneció.

Normalmente (como en el caso de mi padre), este tipo de fantasmas solo quieren que sepas que están bien y que no te preocupes por ellos, aunque es probable que tengan otro tipo de mensaje que entregarte.

Muchos investigadores de lo paranormal creen que este tipo de espíritus son similares a los mensajeros, porque, una vez que han transmitido su mensaje, no volverán a aparecer.

Familiares y amigos

Los fantasmas de familiares y amigos se adhieren a un miembro de la familia o a un amigo íntimo que tuvieron en vida. Algunas personas del ámbito paranormal creen que los espíritus de fantasmas y amigos avisan a los vivos de próximas desgracias o muertes. También se sabe que si pides a tus familiares o amigos fallecidos que salgan en una fotografía que se está haciendo, puede que decidan aparecer en ella. Lo he visto muchas veces, pero no siempre ocurre, así que ten paciencia. Si lo deseas, puedes invitar a tus familiares o amigos fallecidos a aparecer en una fotografía en acontecimientos especiales como bodas, aniversarios, cumpleaños, etc.

No hay por qué temerles; son básicamente los mismos que eran cuando estaban vivos y, por lo general, no tienen malas intenciones.

El fantasma de un familiar o amigo también puede aparecérsete en sueños, porque es la forma más fácil de transmitirte su mensaje o, simplemente, de hablarte sin asustarte, así que presta atención a tus sueños.

En el campo de lo paranormal también hay quien opina (incluida yo misma) que no es sano para una persona viva que el fantasma de un ser querido difunto se le pegue, ni tampoco para el mismo fantasma.

Verás, cuando una persona muere, se supone que cruza al otro lado; es el lugar al que pertenece para continuar en un nuevo plano de existencia, y la gente que dejó atrás necesita hacer el duelo y seguir adelante con sus vidas. Es el ciclo natural de la vida y la muerte.

Cuando una persona fallecida se queda en la Tierra y no sigue adelante, interfiere con el orden natural del universo. A la persona viva que queda atrás no se le permite hacer el duelo adecuadamente y seguir adelante con su propia vida, y la persona fallecida queda en una especie de limbo entre nuestro mundo y el otro lado.

Como puedes ver, esta relación, aunque puede ser reconfortante durante un tiempo, no es saludable para ninguna de las dos partes implicadas.

Aunque personalmente nunca me he enfrentado a un caso de este tipo, hace unos años oí hablar de uno. El marido de una mujer murió y volvió a presentarse ante su esposa en forma de espíritu. Según tengo entendido, seguían muy enamorados después de muchos años de matrimonio. Esta mujer y su marido fantasma continuaron las actividades diarias como lo hacían cuando él estaba vivo. Al parecer, esto duró varios años, hasta que los hijos se dieron cuenta de lo que estaba pasando y llamaron a una médium para que ayudara a su padre y a su madre a despedirse, y a su padre a cruzar al otro lado.

FANTASMAS MISTERIOSOS

Los fantasmas misteriosos son unas entidades muy enigmáticas, porque nadie sabe realmente qué son ni cuál es su propósito, aunque son muchas las hipótesis que los investigadores de lo paranormal han propuesto para darles una explicación. En esta sección trataremos estos seres y los misterios que los rodean. Se pueden incluir seres y criaturas de luz, orbes, seres sombra y elementales.

Aunque estas entidades acechan a los vivos, apenas intentan interactuar con ellos, y resultan ser unas criaturas bastante controvertidas por derecho propio. La mayor parte de la controversia se debe a la imposibilidad de definir con exactitud qué son estos seres. Por ejemplo, se cree que los orbes son pequeñas bolas de energía que suelen aparecer en una fotografía o grabación de vídeo; sin embargo, la mayoría de los orbes pueden pasar desapercibidos como un insecto o una mota de polvo.

Los seres y/o criaturas de luz también aparecen con frecuencia en fotografías y vídeos y pueden tener todo tipo de formas, tamaños y colores.

Aparte de los orbes, la criatura misteriosa que suele mencionarse con más frecuencia son los seres sombra. Si te paras a pensarlo, es probable que hayas visto alguno; son el movimiento que ves por el rabillo del ojo y, cuando te giras a mirar, no hay nada.

Seres y criaturas de luz

En la mayoría de los casos, estas entidades que desafían toda explicación se cuentan entre las anomalías más misteriosas que he encontrado en todos mis años de cazadora de fantasmas.

Nadie sabe exactamente qué son. Algunas personas creen que son ángeles, mientras que otras creen que son algún tipo de criatura de otra dimensión.

En cambio, hay quienes creen que podrían ser hadas, espíritus de la naturaleza u otro tipo de criatura viviente.

Algunos investigadores de lo paranormal creen que podrían ser vórtices de energía o algún tipo de portal que se abre y se cierra. No parecen tener un patrón fijo y suelen aparecer en cualquier lugar y en cualquier momento.

Por lo general, no pueden verse a simple vista, sino que aparecen en fotografías y grabaciones de vídeo. Cuando se fotografía a estos seres de luz, aparecen como barras de luz o alguna otra forma extraña. En vídeo, estas criaturas suelen moverse extremadamente rápido y, en algunos casos, cambian de forma mientras se mueven.

Según todos los indicios, parecen inofensivas y, según mi experiencia, no han mostrado ningún interés en interactuar con los vivos. La verdad es que ni siquiera estoy segura de que sepan que existimos.

Orbes

Los orbes son uno de los temas más controvertidos en la comunidad paranormal. Se calcula que más del 80% de los orbes que aparecen en fotografías o vídeos no son más que polvo, insectos, suciedad, humedad en el aire, destellos de lentes o reflejos.

Suelen aparecer como bolas de luz transparentes, y algunos investigadores de lo paranormal creen que un verdadero orbe se ilumina a sí mismo, lo que significa que generan su propia luz y que para mostrarse no utilizan una fuente externa, como el *flash* de una cámara.

Hay personas que creen que pueden ver una cara mirándolas desde el interior de un orbe, y tengo que admitir que yo misma he visto lo que parece ser una cara en muchas fotos de supuestos orbes.

Sin embargo, no me fío mucho de la presencia de aparentes orbes como prueba de actividad paranormal, porque pueden aparecer en una fotografía debido simplemente a las condiciones meteorológicas o de otro tipo presentes en el momento en que se hizo la fotografía. Sin embargo, si los orbes son auténticos y están acompañados de otras formas de actividad paranormal, entonces podrían merecer una segunda mirada.

Los orbes pueden aparecer en cualquier lugar, incluso en tu casa, un cementerio o una tienda de comestibles. Normalmente no se pueden ver a simple vista ni se puede sentir su presencia; simplemente están ahí.

Aunque suelen manifestarse como pequeñas bolas blancas de luz, también han sido fotografiados en diferentes colores (rojo, azul, morado, rosa o cualquier otro) y nadie sabe cuántos colores es capaz de producir un auténtico orbe.

Algunas personas creen que los extraterrestres los utilizan como visores remotos para espiar la Tierra. Los defensores de esta hipótesis creen que los extraterrestres los utilizarían porque son prácticamente invisibles y, por tanto, pueden espiarnos sin ser descubiertos.

Otros creen que los orbes son ángeles que vigilan a los seres humanos. En teoría, los ángeles los utilizarían para venir a la Tierra a curar a los enfermos o consolar en caso de tragedia, o bien serían guardianes para proteger a los más débiles.

La idea más aceptada es que los orbes son fantasmas de personas fallecidas en su estado natural, es decir, pura energía. Esto explicaría por qué algunas personas dicen ver caras en el centro de un orbe que ha sido fotografiado.

Personalmente, no estoy segura de qué son ni de si son pruebas legítimas de actividad paranormal. Si tuviera que decantarme por una teoría, me quedaría con la de que los orbes son espíritus en su forma natural.

Una amiga mía hizo un experimento con orbes y fotografías una noche. Estábamos tomando fotos cuando se dio cuenta de que había aparecido un auténtico orbe en una foto de su cámara digital. Le tendí la mano y empecé a persuadir al orbe para que se posara en ella.

Mi amiga siguió haciendo fotos en rápida sucesión y, efectivamente, el orbe voló lentamente hacia mi mano extendida y se posó en ella. Aunque sentí una pequeña descarga de energía en la mano, no pude ver el orbe a simple vista.

Basándome en esta experiencia personal, tendría que decir que ese orbe concreto interactuó conmigo y, por tanto, podría clasificarse como un ser inteligente.

En su mayor parte, los orbes parecen ser inofensivos, aunque ha habido casos en los que un orbe ha estado presente y, al pasar volando junto a alguien, esa persona ha sido empujada, arañada o ha experimentado algún otro tipo de contacto físico invisible.

No estoy segura de si esto se puede atribuir al orbe o si había algún espíritu presente. Yo nunca he tenido este tipo de experiencia y, hasta que no la tenga, me reservaré mi opinión.

Portales

Existe mucha controversia sobre los portales en la comunidad paranormal y científica, porque nadie está seguro de que los portales existan.

Estos son supuestas puertas a otras dimensiones que se abren y cierran a voluntad, permitiendo que fantasmas, espíritus, demonios y prácticamente cualquier cosa pase a través de ellos hacia o desde el mundo de los vivos.

Los portales son misteriosos, pero también benignos, porque equivalen a abrir o cerrar una puerta de casa, permitiendo que algo o alguien entre o salga. Sin embargo, los fantasmas, espíritus u otros tipos de entidades que pueden cruzar un portal no siempre son benignos y pueden ser bastante activos.

Algunas personas creen que los portales pueden aparecer en cualquier lugar y desaparecer tan rápido como aparecen. Hay otros que creen que un portal puede ser abierto o cerrado por los vivos que están entrenados en tales cosas o poseen la habilidad de hacerlo.

Otros creen que los portales son agujeros en el campo energético que rodea el planeta. Aunque no se explica cómo se abren estos agujeros en el campo energético, es una posibilidad, sobre todo teniendo en cuenta el calentamiento global y otras fuerzas planetarias y humanas en la Tierra.

Los científicos creen que es imposible que los portales existan. Sin embargo, la ciencia ha demostrado que existen otras dimensiones, así que ¿por qué no es posible que ciertos seres puedan pasar de una dimensión a otra? Para ello podrían utilizar un portal como medio de transporte.

Muchos investigadores de lo paranormal creen que los espejos pueden ser un tipo de portal del mundo de los vivos al mundo de los muertos o al «otro lado», como se suele decir. Si un portal se abre o se cierra en un espejo sería por algún tipo de interacción humana. (Hablaré con más detalle sobre los espejos en el capítulo 4).

Un buen ejemplo de portal es el uso de la *ouija*. Cuando alguien utiliza una *ouija* e invita a fantasmas y/o espíritus a su casa, está abriendo una puerta, o portal, entre el mundo de los vivos y el de los muertos, permitiendo que cualquier cosa (buena o mala) pase a través de ella.

Seres sombra

¿Has visto alguna vez por el rabillo del ojo que se movía una sombra, te has dado la vuelta y no había nadie? Lo más probable es que se tratara de un ser sombra.

Un ser sombra es justo lo que su nombre indica: la sombra de una persona, excepto que no hay ninguna persona allí que pueda provocar la sombra. Los seres sombra suelen ser muy tímidos y, la mayoría de las veces, salen corriendo de la habitación a la velocidad de la luz cuando se los detecta. Parecen inofensivos y, por lo general, no intentan interactuar con los vivos.

Los seres sombra suelen tener formas y tamaños muy variados, al igual que las personas vivas, y pueden parecer más o menos sólidos, pero suelen presentar muy pocos detalles. La mayoría de las veces solo se puede saber si es un hombre o una mujer o, si hay suerte, se puede distinguir un contorno de ropa.

Aunque los avistamientos de seres sombra son muy frecuentes, se trata de uno de los tipos de entidades más misteriosos que existen. Nadie sabe a ciencia cierta cuál es su propósito, pero, como se puede imaginar, abundan las hipótesis.

Algunos investigadores de lo paranormal creen que los seres sombra son un tipo de demonio, ya que se sabe de casos de seres sombra con los ojos rojos. Además, siempre aparecen como una forma oscura, en lugar del blanco brumoso habitual de los fantasmas.

Otras personas han hablado de sentimientos negativos en presencia de un ser sombra. Yo nunca he experimentado estas sensaciones con una entidad de este tipo. Podría ser que se confunda a un ser sombra con un tipo de entidad negativa u otro tipo de fantasma o espíritu.

Otra teoría popular es que los seres sombra son vigilantes y simplemente observan la vida en la Tierra. Sin embargo, nadie sabe realmente si son seres de otra dimensión o el fantasma de una persona fallecida, o, incluso, si alguna vez han estado vivos en el sentido en que nosotros lo estamos.

Por ejemplo, yo tengo un ser sombra que aparece de vez en cuando en mi casa y parece que le fascina subir y bajar las escaleras de la segunda planta. No me preguntes por qué, no tengo ni idea. Lo único que sé de mi visitante espectral es que es un hombre bastante grande. Puedo ver sus dedos sobre la barandilla blanca de la escalera cuando baja, y en cuanto se da cuenta de que lo he visto, sale por la puerta principal a la velocidad del rayo.

Mi ser sombra nunca ha intentado comunicarse o interactuar conmigo, y me da la impresión de que me tiene más miedo a mí que yo a él, aunque tampoco me extraña, porque la mayoría de los fantasmas no me asustan lo más mínimo.

Que yo sepa, no hay forma de librarse de un ser sombra, y como parecen entidades bastante benignas, probablemente no tengas que preocuparte de que haya uno en tu casa.

Elementales

Este tipo de entidad puede abarcar una amplia gama de espíritus y provocar lo que mucha gente cree que son apariciones fantasmales.

Se suele coincidir en que los «elementales» son espíritus de la naturaleza, y en países como Irlanda, Escocia y otras partes de Europa es muy habitual creer en ellos. Criaturas como los *gremlins*, los *leprechauns*, los duendes o las hadas entrarían en esta categoría. Hay quienes dicen que este tipo de criaturas no son más que mitos o leyendas, pero para muchas personas son muy reales, y hacen todo lo posible por no enfadarlos o molestarlos por miedo a que les hagan daño o castiguen con severidad.

Algunas religiones ven a los elementales como espíritus que dominan la naturaleza, y creen que hay elementales de fuego, tierra, aire y agua, cada uno con características diferentes.

En el animismo, que se cree que fue la primera religión de la humanidad, los elementales estaban presentes en todo lo que habitaba la Tierra. Creer en ellos fue habitual hasta que la Iglesia católica convenció a la gente de que los elementales no existían porque no se podían ver. Una teoría popular entre los investigadores de lo paranormal es que los elementales tienen que ser invocados para llevar a cabo ciertas tareas y que las seguirán haciendo hasta que la persona que los invocó les pida que se vayan.

En muchos círculos se cree que los elementales son entidades negativas que pueden provokjkjkiocar grandes daños a los vivos porque nacen de los elementos de la Tierra. No estoy convencida de que todos los elementales sean negativos, pero sí creo que, en muchos casos, pueden estar protegiendo algo o a alguien y tomarán medidas extremas para llevar a cabo esta tarea. ¿Esto los convierte en malos?

Que yo sepa, solo hay un caso documentado de un elemental, y es el del castillo de Leap, en Irlanda. Nadie sabe realmente qué hacía este elemental allí; sin embargo, Mildred Darby, una de las propietarias del castillo a finales del siglo XIX, puede haber sido la primera en toparse con él.

En 1909, Mildred Darby escribió un artículo para la revista *The Occult Review* en el que describe la entidad paranormal que invocó sin pretenderlo. Dice que sintió que alguien le ponía una mano en el hombro y, cuando se dio la vuelta, vio a la entidad. Continúa diciendo que el ser era del tamaño de una oveja, delgado, demacrado y sombrío. Tenía cara y unos ojos que parecían unas cuencas negras, y con los que la miraba fijamente. También dice que el ser iba acompañado de un olor horrible, parecido al de un cadáver en descomposición.

ESPÍRITUS QUE HACEN DAÑO

Hay algunos fantasmas que pueden provocar daños psicológicos y físicos a los vivos. La mayoría de ellos son conocidos como «inhumanos», lo que significa que nunca estuvieron vivos en forma humana. Pero un espíritu especialmente desagradable podría hacer creer a alguien que tiene un demonio, porque estos son capaces de provocar grandes daños, tanto físicos como psicológicos.

Los espíritus que hacen daño son inhumanos en su mayoría (como «demonios», «íncubos» y «súcubos»), aunque también hay fantasmas malignos que pueden resultar dañinos. Al parecer, el único objetivo de estos es causar grandes trastornos en la vida de los vivos y, en algunos casos, llegarán muy lejos para conseguirlo. Pueden atacarte psicológica, emocional y físicamente, dejando un camino de destrucción a su paso.

Este tipo de entidades, en la mayoría de los casos, lo único que pretenden es convertir tu vida en un infierno y son capaces de llevar a cabo esta misión de formas únicas y terroríficas.

Demonios

Los demonios son unas de las entidades más pérfidas, malvadas y viles con las que me he topado a lo largo de mis años como cazadora de fantasmas. Son capaces de provocar increíbles daños psicológicos y físicos a los vivos. ¿No crees en los demonios? Yo tampoco creía, hasta que me topé de frente con uno. Así que hablo por experiencia.

Ha habido informes de demonios que han provocado lesiones físicas, como arañazos y marcas de ronchas y mordiscos, tanto a sus víctimas como a sus familias.

La presencia de un demonio puede ir acompañada de un olor nauseabundo que recuerda a huevos podridos, ácido sulfúrico o carne putrefacta, y, en algunos casos, un audible gruñido que suena como un perro enorme.

Pueden hacer que el aire de una habitación se sienta denso y pesado, o pueden hacer que esta se vuelva helada o sofocantemente caliente, dependiendo de su estado de ánimo en ese momento concreto.

También se sabe que los demonios lanzan amenazas verbales, tiran cosas, mueven muebles de forma violenta, te empujan, te tiran, te arañan, te muerden y llevan a cabo cualquier otro acto violento para aterrorizarte.

Sin embargo, el arma más poderosa de un demonio es la guerra psicológica. Se sabe que los demonios provocan sentimientos abrumadores de miedo, ansiedad, ira y toda una serie de emociones negativas, todo ello para debilitar a sus presas y tenerlas bajo su control. Cuanto más caos e inestabilidad emocional puedan provocar en la vida de una persona, más poderosos se volverán.

Este tipo de fantasma negativo puede afectar a una persona o a toda una familia. Pueden meter pensamientos en la cabeza de la gente que les hagan actuar de forma violenta y/o negativa, totalmente fuera de lugar.

Algunos demonios intentan aislar a su presa para que solo confíe en ellos. Una persona que está sufriendo el ataque de un demonio puede comenzar a retraerse, y atacar verbal o físicamente a sus familiares y amigos. Es importante recordar que no se trata de posesión, sino de poder.

Los demonios pueden sentirse atraídos por personas que sufren una enfermedad mental, están deprimidas o son muy emocionales. También les atraen los hogares que están en un estado permanente de estrés, es decir, en los que las personas gritan y se pelean con frecuencia. Algunos buscadores de lo paranormal creen que los demonios se alimentan de esta energía negativa para hacerse más fuertes y poderosos.

Aunque los demonios no pueden obligarnos a hacer nada, porque tenemos libre albedrío, intentarán atraer a sus víctimas o persuadirlas para que cumplan sus órdenes. Los demonios son muy astutos y parecen tener la extraña habilidad de conocer instintivamente los puntos débiles de una persona. Utilizan estas debilidades o sus mayores miedos para desestabilizar a sus víctimas mental y emocionalmente, de modo que puedan tenerlas bajo control.

Los demonios también pueden aparecer como el fantasma de un niño o de un ser querido que ha fallecido. Lo hacen para ganarse tu confianza y hacerte bajar la guardia. De este modo, les resulta mucho más fácil infiltrarse en tu vida.

Como he mencionado, este tipo de entidad del mundo paranormal se conoce como «inhumano» y nunca estuvo vivo en forma humana como tú y yo. También son uno de los tipos de entidades más difíciles de eliminar.

Mucha gente cree que los demonios te marcan de alguna manera para poder encontrarte cuando quieran y dondequiera que estés.

Los miembros de ciertas religiones y algunos investigadores de lo paranormal creen que pronunciar el nombre de un demonio puede invocarlo y hacerlo más poderoso.

Sin embargo, yo no estoy de acuerdo con esta opinión. Tiendo a creer que si pronuncias el nombre del demonio, eso te da un poco de poder sobre él, porque le haces saber que eres consciente de quién es y, lo que es más importante, de qué es.

Creo que pronunciar el nombre del demonio puede volverlo vulnerable. Hace entender a este tipo de entidades que no te dejas engañar y que sabes exactamente lo que son.

En algunos casos, este hecho por sí solo puede darte un poco de poder sobre ellos y la situación, haciéndote sentir más fuerte porque has comprendido sus acciones.

Si crees que tu casa ha sido tomada por un demonio, no intentes librarte de él por tu cuenta. No solo no ganarás, sino que conseguirás que el demonio se enfade, lo que podría causaros grandes problemas físicos y emocionales tanto a ti como a tu familia.

Deberías buscar la ayuda de un investigador de lo paranormal o un sacerdote si crees que tú o tu familia habéis sido víctimas de una entidad demoníaca.

Mi amiga Alexis McQuillan se encontró con un demonio muy desagradable hace unos años. Esta entidad maligna la atacaba en la cama mientras dormía y hacía todo lo posible por perjudicarla. Afortunadamente, Alexis fue capaz de deshacerse del demonio. Puedes leer más sobre la aventura de Alexis en su libro, *Encounter with Hell* («Encuentro con el infierno»).

Íncubos y súcubos

Los íncubos y los súcubos se incluyen en la categoría de demonios/inhumanos. Se considera que un íncubo es un tipo concreto de demonio masculino cuya misión es mantener relaciones sexuales con mujeres vivas. Su contrapartida, el súcubo, es un demonio femenino que ataca a los hombres para mantener relaciones sexuales con ellos.

Las historias del íncubo y el súcubo se remontan a cientos, si no miles, de años atrás, y algunas de las historias más populares de antaño incluían escritos en los que se decía que los íncubos y súcubos eran demonios que podían cambiar de género; supuestamente eran capaces de tomar el semen de un hombre y luego transformarse en íncubo y fecundar a una mujer.

En algunas religiones, se cree que si un íncubo o súcubo visita a la misma persona repetidamente durante un periodo de tiempo, puede provocar que la persona viva no solo enferme de gravedad, sino que también muera.

Las historias de personas atacadas por un íncubo o un súcubo continúan hasta nuestros días, y a veces es difícil discernir si estas personas fueron atacadas o simplemente sufren parálisis del sueño.

La parálisis del sueño se produce durante el estado REM del sueño, cuando el cuerpo libera hormonas que lo paralizan para evitar que actúe durante los sueños, con el fin de reducir la probabilidad de lesiones mientras duerme.

La mayoría de las veces, estas hormonas desaparecen antes de despertarnos, pero en algunos casos las personas se despiertan y quedan temporalmente paralizadas y pueden sentirse como si estuvieran en presencia de un espíritu maligno y estuvieran siendo atacadas.

Las personas que han sufrido un ataque (ya sea por un íncubo, un súcubo o una parálisis del sueño) aseguran que fueron atacadas por un demonio y, en muchos casos, los médicos dicen que se trata de una parálisis del sueño, cuando es posible que la persona fuera atacada realmente por uno de estos amenazadores demonios.

El propietario de una posada en Inglaterra afirma recibir la visita de un súcubo al menos una vez a la semana. Sostiene que, mientras duerme, este demonio lo ataca e intenta mantener relaciones sexuales con él.

Entidades parasitarias

Las entidades parasitarias se adhieren a las personas para succionar su energía vital, como si fueran una gigantesca aspiradora. También conocidos como «espíritus adjuntos», hay diferentes tipos de entidades que se adhieren a las personas.

En los círculos paranormales se acepta que la mayoría de estas entidades parasitarias fueron humanas y estuvieron vivas en el pasado, aunque en algunos casos la entidad podría tener la forma de un demonio. De cualquier forma, son muy peligrosas y dañinas para la persona a la que se han unido.

Los síntomas asociados a una entidad parasitaria incluyen falta de energía, mareos, debilidad, incapacidad para pensar con claridad, adicción a las drogas, agotamiento, sueño agitado y pesadillas.

Si experimentas algunos de estos síntomas, no llegues sin más a la conclusión de que se trata de una entidad parasitaria. Es muy probable que estés sufriendo algún tipo de dolencia física o psicológica, y deberías consultar a tu médico para descartar cualquier causa natural.

Si permites que una entidad parasitaria siga succionándote la vida, tu cuerpo no será lo bastante fuerte para luchar contra una simple enfermedad y, en casos extremos, morirás y la entidad parasitaria pasará a su siguiente víctima. En el capítulo 4 encontrarás más detalles sobre este fenómeno.

No me cansaré de repetir que nunca deberías intentar librarte por ti mismo de ninguna de las entidades descritas en la sección anterior. Este tipo de fantasmas son extremadamente peligrosos, por lo que pueden provocar un daño irreparable en ti o en un ser querido. La ayuda profesional de un investigador de lo paranormal o un sacerdote podría ser tu única oportunidad de expulsarlos de casa.

Las cicatrices emocionales y psicológicas que estas entidades malignas pueden dejar a su paso están más allá de la comprensión humana. Pueden dejarte emocional y psicológicamente agotado, como si fueras una simple cáscara de la persona que eras antes de que entraran en tu vida.

Pongamos un ejemplo: últimamente no te encuentras bien o no te sientes tú mismo. Acudes al médico en numerosas ocasiones y te sometes a un montón de pruebas, pero no encuentra ningún problema físico. Sin embargo, estás sin fuerzas y agotado a nivel emocional, y tus amigos han notado un cambio a peor en tu comportamiento. Lo más probable es que tengas una entidad parasitaria adherida a ti.

ESPÍRITUS QUE AYUDAN

Los fantasmas que quieren ayudar a los vivos son siempre amistosos y se desviven por encontrar métodos de comunicación. Los ángeles, los guardianes y los espíritus guía a menudo no pueden hablar directamente con nosotros, pero pueden aparecerse en sueños o intentar darnos un empujón en la dirección correcta sin interferir en nuestro libre albedrío.

Aunque existen muchos tipos de espíritus que pueden ayudarte con diversas cosas, como los mensajeros, en este libro he clasificado ciertas entidades dentro de esta categoría porque no tienen ningún propósito oculto, como entregar un mensaje. Su único propósito es ayudar a los vivos.

Seres angélicos

A lo largo de la historia, muchas personas han hablado de sus encuentros con seres angelicales. La mayoría de estos testimonios parecen tener en común que el ángel los ha visitado con un objetivo concreto.

Algunos investigadores de lo paranormal ven a los ángeles como mensajeros que llevan la palabra de Dios a su destinatario. A menudo, un ser angélico aparece cuando una persona está pasando por un momento difícil y así darle consuelo y esperanza.

Las personas que han contado estos encuentros con ángeles también afirmaron que suelen tener forma humana y pueden ir acompañados por ciertos olores, como rosa, sándalo y pino, así como un aumento visual en la intensidad del color, concretamente en el azul y el verde.

Los creyentes que estudian los encuentros angélicos afirman que un ángel también puede aparecer como un ser alado o como un niño, amigo o familiar fallecido.

Mucha gente cree que un tipo concreto de ángel, el llamado «ángel de la guarda», se asigna a una persona cuando nace para guiarla y protegerla durante toda su vida. Estas personas dicen que el ángel de la guarda puede ser un familiar fallecido o un alma ascendida.

He oído una historia que dice que si encuentras pequeñas plumas blancas por tu casa, y estás seguro de que no son de una manta o almohada de plumón, entonces son un regalo de tu ángel de la guarda para hacerte saber que está ahí y vela por ti.

Un ser angelical puede aparecer como una luz brillante que no daña tus ojos. Esta luz puede ir acompañada de sentimientos reconfortantes como consuelo, amor, seguridad y satisfacción. Este tipo de ser también puede estar presente y provocarte estos sentimientos sin mostrársete directamente.

Si te encuentras con un ser angelical, no tienes nada que temer. Simplemente está ahí para hacerte sentir mejor o para entregarte un mensaje. Una vez cumplida su misión, se irá por su cuenta y podrá o no volver en algún momento, dependiendo de si lo necesitas de nuevo.

Hace poco leí sobre un caso en el que una mujer había perdido a su marido repentinamente en un accidente. Estaba destrozada de dolor. Pasó unas semanas en su habitación, sin apenas comer, sin ducharse ni vestirse; quería morir para poder estar con su marido.

Entonces, una noche, relató que toda su habitación se llenó de una luz blanca brillante y que esta luz se movía hacia ella, convirtiéndose lentamente en la silueta de un hombre. Se asustó mucho, pero una voz de hombre apareció en su cabeza y le dijo: «No tengas miedo. Estoy aquí para ayudarte». Con esas palabras, él avanzó y la envolvió con la luz. Ella dijo que nunca había sentido en su vida un amor tan incondicional, ni tanta paz ni tanta aceptación.

Cuando el ser se alejó, le dijo: «Tu marido está con nosotros. Está bien y quiere que sigas adelante con tu vida, que no te aflijas, porque está entre los ángeles».

La mujer dijo que se quedó profundamente dormida y a la mañana siguiente se sintió renovada, fresca y lista para seguir adelante con su vida. Cree firmemente que el ser que la visitó era un ángel que la ayudaba en su dolor.

Consuélate con el hecho de que un ser angelical te está vigilando y que nunca estás solo, ni siquiera en tus horas más oscuras.

Guardianes

Las personas de ciertas religiones creen que las entidades llamadas «guardianes» o «vigilantes», que no deben confundirse con los ángeles o ángeles de la guarda, son un tipo particular de entidad que es enviada para vigilar y proteger a las mujeres, normalmente al comienzo de la menopausia.

Es muy raro ver a un guardián, pero algunas mujeres dicen haber visto una figura grande, con túnica y una capucha sobre la cabeza para ocultar su rostro. Puede parecer terrorífico, pero los guardianes son muy amables y gentiles con las personas a las que deben vigilar y se sabe que toman medidas extremas para cuidar de la mujer a la que han jurado proteger.

Los guardianes no están ahí para interferir en la vida de una mujer, sino para ayudarla, guiarla y protegerla durante el resto de su vida, y luego acompañarla al otro lado cuando muere para asegurarse de que la transición de la vida a la muerte se produce sin ningún problema. Consuelan a la mujer durante ese tiempo.

No puedo evitar sentir lástima por mi guardián porque, como cazadora de fantasmas que soy, me pongo en situaciones potencialmente peligrosas y estoy segura de que mi guardián no lo aprobaría.

Una noche salí a cazar fantasmas con un amigo. Como el cementerio que estábamos investigando era muy grande, decidimos separarnos pero manteniéndonos a la vista el uno del otro. Mientras caminaba entre las lápidas, me perdí en mis pensamientos y dejé de prestar atención a por dónde caminaba, un gran error para un cazador de fantasmas. Tropecé con una pequeña lápida y caí con fuerza sobre mi pecho y estómago, lo que me dejó sin aliento.

Mientras jadeaba, sentí una presencia y levanté la vista para encontrarme con un ser vestido con una túnica y el rostro oculto por la capucha. Me tendió una mano y la acepté, notando lo cálida y segura que me sentía con su mano estrechando la mía. Me ayudó a ponerme en pie y luego se desvaneció.

Era mi guardián ayudándome y diría que pidiéndome que tuviera más cuidado.

Guías espirituales

Se cree que, al igual que los ángeles de la guarda, los espíritus guía se nos otorgan al nacer y permanecen con nosotros toda la vida, yendo y viniendo a medida que nos enfrentamos a determinadas situaciones.

Los espiritistas y muchos creyentes de la Nueva Era creen que los guías espirituales tienen un nivel de conciencia superior al de otros seres del reino espiritual y que podrían ser maestros ascendidos, o bien simples espíritus que destacan en determinadas áreas y que están mejor equipados para ayudarnos a afrontar una situación concreta de nuestras vidas.

Aunque no se les permite interferir directamente en nuestras vidas porque, como humanos, tenemos libre albedrío, sí se les permite darnos señales para que prestemos atención a algo. Estas señales pueden ser una serie de coincidencias, así que es importante que prestes atención a las cosas cuando las percibas, sobre todo si ocurre algo a lo que normalmente no prestarías atención. Esto significa que en alguna parte hay un mensaje para ti; solo tienes que buscarlo.

Por ejemplo, cuando tuviste que tomar una decisión difícil o lidiar con una situación que te provocaba inseguridad, ¿tuviste esa intensa sensación en la boca del estómago? Sería prudente que escucharas tu instinto, porque suele tratarse de uno de tus guías espirituales intentando darte un empujón en la dirección correcta.

CAPÍTULO TRES

¿DE QUÉ TIPO DE APARICIÓN SE TRATA?

Muchos investigadores de lo paranormal creen que la piedra, la madera o cualquier otro material poroso absorbe la energía de los sucesos del pasado. Ha habido casos en los que el material de un edificio que había sido demolido se ha utilizado para construir un edificio nuevo, y la energía residual de los acontecimientos que tuvieron lugar en el viejo edificio ha dado lugar a actividad paranormal en el nuevo.

Una aparición auténtica, o «inteligente», tiene características muy concretas. En primer lugar, la actividad paranormal debe ser constante. Si la actividad de tu casa o negocio se da solo de vez en cuando, entonces no estás experimentando una aparición, sino una actividad paranormal. Hay una gran diferencia.

En segundo lugar, en una aparición inteligente, el fantasma intentará comunicarse o interactuar con los vivos de alguna manera. Esto variará dependiendo del tipo de espíritu con el que estés tratando, pero generalmente te mirará a los ojos, intentará hablarte o hará alguna otra cosa para que no haya ninguna duda de que te está reconociendo de alguna forma.

Algunos fantasmas y espíritus parecen anhelar atención y reconocimiento, y harán cualquier cosa para que sepas que están presentes. Por ejemplo, pueden encender y apagar las luces, cambiar de canal en la televisión o aparecerse ante ti. No lo hacen para asustarte, sino para que los saludes o para conseguir algún tipo de reacción de tu parte.

La verdad es que no hay razón para tener miedo de este tipo de actividad, ya que en la mayoría de los casos los fantasmas y/o espíritus no pretenden asustarte; tan solo quieren que sepas que están ahí. Estaría bien que reconocieras su presencia, pues en cuanto lo hagas, muchos se contentarán y te dejarán en paz… hasta la próxima vez.

No hay dos fantasmas iguales, como no hay dos personas vivas exactamente iguales. El mismo principio se aplica a los fantasmas. La forma más fácil de averiguar qué tipo de fantasma estás experimentando es llevar un diario de todas las actividades paranormales que ocurren en tu casa o negocio.

Anota la fecha, la hora, las condiciones meteorológicas, quién estaba presente en la casa en el momento del suceso y si alguien más fue testigo de ello. A continuación, anota todo lo que recuerdes sobre el suceso en sí. Asegúrate de incluir cosas como qué estabas haciendo en ese momento, qué ocurrió exactamente y si percibiste algún sonido u olor relacionado con la actividad.

Pregunta a los demás miembros de tu familia sobre cualquier experiencia paranormal que hayan tenido y anota la misma información. Es muy importante mantener abiertas las líneas de comunicación entre las personas que viven en la casa sobre la actividad paranormal que está ocurriendo. Muchas veces los miembros de la familia no comparten sus experiencias sin que se les pregunte, porque no quieren molestar o asustar a nadie más.

Muchos tipos de entidades, como espíritus malignos y demonios, cuentan con la falta de comunicación para poder aislar a los miembros de la familia y, finalmente, tener la casa bajo control. Si os comunicáis todos los días sobre cualquier experiencia paranormal que ocurra, le estarás quitando a una entidad negativa parte de su poder para influir y controlar a las personas que viven en tu casa.

Además, llevar un diario puede ser muy útil no solo para determinar si tienes una aparición residual, inteligente o de otro tipo, sino también para ayudar a identificar qué tipo de espíritu tienes, de modo que sepas cómo manejar la situación adecuadamente y librarte de tu huésped no deseado.

Algunas personas suelen olvidar que un fantasma, en la mayoría de los casos, fue una persona viva, con su propia personalidad, y que esta se transmite al fantasma tras la muerte.

Si una persona era muy bromista en vida, lo más probable es que si ese fantasma decide aparecer por tu casa, te lo pases en grande, así que prepárate para sufrir muchas bromas pesadas por parte de tu visitante espectral. La verdad es que esta situación puede ser bastante divertida y no hay razón para asustarse. Es su forma particular de hacerte saber quién está en tu casa.

En mi caso, el bromista es mi padre. Cuando vivía, era muy aficionado a los aparatos eléctricos, y esta fascinación por la tecnología ha continuado después de su muerte. Mi marido, también aficionado a la tecnología, instaló en nuestra casa interruptores de pared que controlan el ventilador de techo y las luces: las encienden, las apagan y las regulan.

Estoy sentada en mi despacho escribiendo y, de repente, la luz del ventilador de techo se enciende, se apaga, vuelve a encenderse y luego me quedo a oscuras.

Sin perder un segundo, digo: «Papá, creía que habías dicho que leer a oscuras era malo para los ojos». Bueno, eso es todo lo que hace falta; el ventilador de techo vuelve a encenderse a toda potencia, y juro que oigo a mi padre reírse a carcajadas al mismo tiempo. «Gracias, papá. Yo también te quiero», digo, y la actividad cesa. Es la forma que tiene mi padre de decirme que está aquí y que me quiere, lo cual es muy reconfortante.

La mayoría de los investigadores de lo paranormal están de acuerdo en que hay tres tipos principales de fantasmas y que cada uno tiene sus propias características y comparte algunos denominadores comunes.

APARICIÓN RESIDUAL

Una aparición residual no es provocada por un fantasma, sino por un momento en el tiempo que ha quedado atrapado en algún tipo de deformación temporal y que se repite una y otra vez, como un vídeo reproducido en bucle.

En muchos casos, el suceso que se repite suele ser trágico, como un asesinato o un terrible accidente, aunque también puede ser algo mundano, como alguien subiendo las escaleras, una actividad que se ha repetido muchísimas veces en la vida de una persona.

Algunos investigadores de lo paranormal creen que una aparición residual es una forma de energía que permanece en un lugar. Quienes experimentan este tipo de sucesos pueden ver personas, animales u otras cosas interactuando con el entorno de la misma forma que lo hacían en el pasado. Pueden ver lo que parece ser un fantasma atravesando una pared o una ventana. Esto significa que, en el momento en que ocurrió el suceso, probablemente allí había una puerta. También podrías experimentar olores o escuchar a alguien subir y/o bajar escaleras o caminando por un pasillo, o escuchar puertas abriéndose y cerrándose. Debido a que muchas apariciones residuales son visuales, es comprensible que se pueda pensar que se está viendo un fantasma, lo que, por supuesto, puede asustar mucho.

La diferencia entre una aparición residual y una auténtica es evidente: en una aparición residual no hay ningún intento de comunicarse con los vivos y no hay ningún fantasma presente. En cambio, en una aparición auténtica o inteligente, hay un fantasma presente y algún tipo de interacción con los vivos. Una aparición residual podría manifestarse en días concretos, o bien podría aparecer todos los días o varias veces a la semana durante un tiempo.

No puedes hacer que una aparición residual se detenga o desaparezca. Puede hacerlo con el tiempo o continuar para siempre. Sin embargo, es importante recordar que se trata de algo totalmente inofensivo y que no hay nada que temer.

Yo misma he sido testigo de una aparición residual. Ocurrió hace muchos años, cuando mi marido y yo nos mudamos a nuestra primera casa. Cada abril, de madrugada, oíamos un ruido muy fuerte en el sótano. Sonaba como si algo metálico golpeara el suelo de cemento. Saltábamos de la cama y corríamos al sótano, pero no encontrábamos nada fuera de lugar.

Nos volvimos locos hasta que un día decidí preguntarle a mi padre por el ruido. Él se había criado en la casa y, probablemente, sabría cuál era su origen. Me contó que mi abuelo había sido cultivador de setas y que cada abril tenía que arar los campos.

El arado que usaba estaba suspendido con una cuerda en las vigas del techo del sótano. Lo dejaba caer al hormigón y luego llevaba los caballos hasta el ventanal del fondo del sótano, los enganchaba y les hacía sacar el arado por la ventana.

A partir de entonces, cada abril, cuando oíamos caer el arado, nos reíamos y decíamos que el abuelo estaba arando los campos. Es curioso cómo saber algo te quita el miedo.

APARICIÓN INTELIGENTE

Cuando la gente piensa en una aparición en el sentido tradicional, este es el tipo de aparición a la que se refieren.

Sin embargo, las apariciones inteligentes son bastante raras.

Una aparición inteligente involucra un fantasma o espíritu, y este tipo de apariciones suelen ser muy activas e intentan interactuar y/o reconocer a los vivos. El fantasma involucrado en una aparición inteligente podría escoger un lugar concreto por muchas razones.

Por ejemplo, un espíritu podría estar ligado al lugar donde murió como resultado de un asesinato, un accidente u otro suceso traumático; o un fantasma podría tener lo que percibe como un asunto inacabado que siente que necesita completar antes de cruzar al otro lado.

Un fantasma también podría volver a su casa o lugar de trabajo, o quedarse con amigos y seres queridos que conoció en vida.

En casos extremos, la persona puede haber muerto mientras dormía y no darse cuenta de que está muerta. Personalmente, estos son los casos más difíciles de tratar, porque tengo que decirle con delicadeza al fantasma que ha muerto y que necesita cruzar hacia la luz.

Se han documentado casos en los que un miembro de la familia u otro ser querido no quiere dejar marchar a la persona que ha muerto y, sin darse cuenta, mantiene a ese fantasma ligado a la Tierra, como se suele decir en la comunidad paranormal. Esto puede provocar un gran estrés en la persona que murió porque quiere ir hacia la luz pero no puede.

Aunque es perfectamente normal que llores la muerte de alguien a quien querías de verdad, el duelo prolongado por la muerte de un ser querido puede ser no solo perjudicial para los vivos, sino también para la persona fallecida. De hecho, puede llegar a ser muy cruel, aunque esa no sea la intención de la persona viva. Una persona que ha muerto pertenece al otro lado, y retenerla aquí mantiene el alma de la persona fallecida en un mundo entre los vivos y los muertos, algo que seguro que nadie quiere para su ser querido.

Otras causas habituales de una aparición inteligente son que el espíritu crea que se cometió alguna injusticia con él en vida; puede tener miedo a ser juzgado en el otro lado por cosas que hizo en vida, o el fantasma puede estar acechando una casa porque cree que necesita proteger a una persona o un secreto.

Normalmente, un fantasma inteligente viene acompañado de mucha actividad paranormal. Esto puede incluir luces que se encienden y se apagan, puertas y/o ventanas que se abren y se cierran, voces, sonidos, un olor, la sensación de que alguien te está tocando, o incluso puedes ver al fantasma aparecer como una neblina o ser una aparición de cuerpo entero, así como muchos otros tipos de actividad paranormal.

Las apariciones inteligentes o tradicionales casi siempre están provocadas por fantasmas activos, pero los espectros que entran en la categoría de inhumanos también pueden ser culpables de este tipo de apariciones.

Los fantasmas que suelen asociarse con las apariciones tradicionales pueden ser benignos, benévolos o malignos. Un espíritu benigno simplemente se ocupará de sus asuntos y no provocará ningún daño, aunque podría mostrarse como una aparición de cuerpo entero y darte un buen susto.

Un espíritu benévolo es amable y no hará nada para perjudicar a quienes viven en una casa. Hasta se sabe de algunos que protegen a las personas o les advierten de un peligro inminente.

Los espíritus malignos, en cambio, son malos y desagradables, y su único objetivo es provocar algún tipo de daño a los vivos. Aunque muchos espíritus malignos son de naturaleza demoníaca, hay espíritus que simplemente son malos. Estos pueden ser vengadores que buscan justicia o venganza contra alguien que creen que les hizo daño cuando estaban vivos, o pueden ser malos con cualquier persona viva.

Algunas personas creen que, en algunos casos, los espíritus malignos están celosos de los vivos porque ellos mismos ya no lo están. Aunque esto es posible, puede haber otras razones por las que un fantasma actúe de forma malévola.

Una de las formas más fáciles de saber si se trata de una aparición residual o inteligente es intentar comunicarse con él.

Por ejemplo, en un caso reciente, yo podía sentir al fantasma, pero no quería comunicarse conmigo a nivel telepático. Así que tomé mi detector electromagnético y lo coloqué en una mesa al otro lado de la habitación y luego me retiré lo más lejos que pude de él sin salir de la habitación. Le expliqué al espíritu que, si pasaba junto al aparato, se encenderían unas luces de diferentes colores. Una luz para el «sí», dos luces para el «no».

Entonces empecé a hacer una serie de preguntas, y cada vez se encendían una o dos luces en respuesta.

Este es un ejemplo clásico de aparición tradicional porque el fantasma de esa casa se comunicaba con los vivos, y, según los propietarios, la actividad paranormal era constante.

FANTASMAS DEMONÍACOS

Una aparición demoníaca es muy parecida a una aparición tradicional, excepto que el fantasma responsable es inhumano (recuerda que por «inhumano» quiero decir que nunca ha estado vivo en forma humana). Esto puede significar que el fantasma es provocado por un íncubo, súcubo, elemental o demonio.

Una aparición demoníaca puede hacer que una aparición tradicional parezca un paseo por el parque en un soleado día de verano. Los demonios son algunas de las criaturas más insidiosas, viles y malignas que pueden invadir tu hogar o lugar de trabajo.

Es más, los demonios son muy astutos y pueden aparecer como lo que quieran, desde el fantasma de un ser querido hasta un niño pequeño. Lo hacen para ganarse tu confianza y hacerte bajar la guardia.

Las entidades de este tipo de apariciones suelen sentirse atraídas por hogares cargados de emociones negativas, como la ira y los celos, y con adicciones a diferentes sustancias.

Algunos investigadores de lo paranormal creen que los demonios necesitan ser invocados o invitados a un lugar antes de que puedan instalarse allí. Estoy de acuerdo en que intentar invocar a un demonio nunca es una buena idea, pero también creo que los demonios son capaces de encontrar y apegarse a ciertas personas con independencia de si se los invocó o no.

Algunas personas que experimentan la actividad de una casa encantada sacan automáticamente la conclusión de que la actividad paranormal está siendo causada por un demonio u otro tipo de entidad inhumana.

Es fácil confundir las casas encantadas tradicionales con las casas encantadas demoníacas, porque se producen sucesos muy parecidos. Puedes experimentar zonas frías, golpes en paredes y/o puertas y ventanas, pasos, olores nauseabundos y, en casos extremos, puedes recibir puñetazos, empujones, arañazos y agresiones físicas y/o sexuales.

Mientras que una aparición tradicional puede ser terrorífica, una de tipo demoníaco lleva la actividad paranormal al siguiente nivel.

Cuanto más miedo, trastornos emocionales y traumas psicológicos provocan los demonios y otros inhumanos en los vivos, más disfrutan y más poderosos se vuelven. Los demonios y muchos otros inhumanos se alimentan del miedo de los vivos y se vuelven increíblemente poderosos.

Por ejemplo, una entidad demoníaca puede arañar, morder, golpear y llevar a cabo otros ataques físicos con el fin de controlarte. Cuando un demonio araña, suele dejar tres marcas parecidas a unas garras. Muchos investigadores de lo paranormal y sacerdotes creen que los tres arañazos simbolizan la trilogía y que el demonio se está burlando de Dios.

Si crees que tienes un demonio en casa, yo no te recomendaría que intentaras librarte tú mismo de él. Deberías contactar inmediatamente con un investigador de lo paranormal o un sacerdote.

¿TU CASA ESTÁ ENCANTADA O LO ESTÁS TÚ?

Aunque no es algo que ocurra muy a menudo, es posible que un espíritu se adhiera a una persona, por lo que es la persona la que estaría encantada, y no la casa en la que vive.

No todos los espíritus pueden o quieren adherirse a una persona, pero los fantasmas con más probabilidades de hacerlo son los íncubos, los súcubos y los vengadores. En casos muy raros, un *poltergeist* puede adherirse a una persona, pero, por lo general, este tipo de entidad persigue un lugar, no a una persona concreta.

El hecho de que un fantasma se adhiera a una persona viva no significa que esa persona esté poseída. La posesión es algo totalmente diferente e implica que un espíritu o fantasma se apodere realmente del cuerpo y los pensamientos de una persona viva; un fantasma que se adhiere a una persona no es capaz de hacer eso.

Una de las formas más fáciles de determinar si un fantasma se ha unido a una persona viva es llevar un registro de quién está en la habitación cuando se produce la actividad paranormal. Lo más probable es que si la misma persona está siempre presente cuando se produce la actividad paranormal, y esta no se produce cuando esa persona no está en la habitación, entonces esa persona puede tener un fantasma o espíritu adherido a ella.

Si crees que un fantasma se te ha pegado a ti o a un ser querido, deberías buscar la ayuda de un investigador de lo paranormal para determinar el tipo de espíritu del que se trata. Así podrás averiguar cuál es la mejor manera de lidiar con el fantasma y conseguir que te deje en paz.

Algunas personas no se sienten cómodas poniéndose en contacto con un desconocido en este tipo de situación, así que si te sientes más cómodo poniéndote en contacto con un sacerdote, puede que ellos también sean capaces de ayudarte. Como siempre, puedes ponerte en contacto conmigo en debichestnut@yahoo.com.

Creo que tengo que decir unas palabras sobre los lugares encantados, porque algunas personas sacan conclusiones erróneas cuando se trata de encantamientos.

Para empezar, quiero que sepas que no hay razón para vivir aterrorizado y sufrir en silencio si crees que tu casa está encantada. La ayuda está a tu disposición; todo lo que tienes que hacer es pedirla.

No debe preocuparte que la gente piense que estás loco, sobre todo si crees que te amenaza algún tipo de entidad paranormal. La televisión ha difundido el mundo de lo paranormal entre la opinión pública, y ya ha desaparecido el estigma que suponía admitir que tu casa podría estar encantada.

Además, no todas las apariciones tienen que ver con una entidad demoníaca. Hoy en día algunas personas llegan automáticamente a esta conclusión. La verdad sea dicha, una aparición demoníaca es muy poco habitual, y en mis más de treinta años como cazadora de fantasmas solo me he encontrado con dos entidades demoníacas..., y no son experiencias que quiera repetir de nuevo.

La verdad del asunto es que si aceptas que tienes una entidad demoníaca en tu casa o negocio, podrías provocar que un demonio se quedara allí permanentemente. Créeme, nunca querrías algo así.

Por último, y por razones que todavía desconozco, muchas personas llegan a la conclusión de que la entidad que tienen en su casa o lugar de trabajo se debe a que estos se construyeron sobre un cementerio de nativos americanos o cerca de él. Esto también es muy raro, y nunca me he encontrado con una casa que fuera construida encima de un cementerio de este tipo. Sin embargo, sí he encontrado muchas cerca de cementerios de nativos americanos, y yo misma he vivido en una casa rodeada de cinco cementerios así. Pero nunca he encontrado una casa cerca de uno de esos lugares que estuviera encantada por un nativo americano, aunque no hay razón para descartar la posibilidad de que tal aparición ocurra en otro lugar.

CAPÍTULO CUATRO

¿CÓMO HA LLEGADO AQUÍ EL FANTASMA?

¿Alguna vez te has preguntado por qué un fantasma o espíritu elige aparecerse en un lugar concreto? En otras palabras: «¿Cómo demonios ha llegado aquí el fantasma?».

Por desgracia, no hay una respuesta fácil a esta pregunta, pero sí multitud de posibilidades. A veces, saber por qué está ahí el fantasma facilita librarse de dicho espíritu. Así que vamos a averiguar algunas de las razones por las que un fantasma podría rondar un lugar concreto.

EL ANTIGUO PROPIETARIO DE LA CASA

Muchos de los casos en los que he trabajado como investigadora de lo paranormal han tenido que ver con fantasmas de antiguos propietarios que no están dispuestos a abandonar su casa. En general, hay tres razones por las que un antiguo propietario de una casa sigue ocupándola después de muerto.

La primera razón, y la más habitual, es que no se dan cuenta de que han muerto y están muy confusos sobre por qué han desaparecido todas sus cosas y hay extraños viviendo en su casa.

El fantasma de un propietario fallecido puede parecer bastante violento, ya que puede lanzar cosas por los aires, gritarte que te vayas, encender y apagar las luces, y mostrar comportamientos similares. Aunque a primera vista puedas pensar que se trata de un espíritu maligno, en realidad no es más que un propietario frustrado. Imagínate cómo te sentirías tú si no supieras que has muerto y unos extraños vivieran en tu casa.

Si sabes quién es el antiguo propietario, o has registrado la propiedad y has encontrado esa información, puedes dirigirte al fantasma por su nombre y decirle amablemente que ha muerto y que necesita irse al cielo o al otro lado para estar en paz.

La segunda razón por la que un antiguo propietario puede frecuentar la que fue su casa es porque la quería mucho y tiene buenos recuerdos de los acontecimientos que ocurrieron allí cuando estaba vivo.

Si sospechas que este es el caso de tu fantasma, explícale amablemente que la casa te gusta tanto como a él y que la cuidarás bien, pero que ya es hora de que se vaya y se reúna con sus seres queridos. Normalmente, esto solucionará el problema, pero puede que tengas que repetir el proceso un par de veces.

A título personal, cuando murió mi abuela, los nuevos propietarios de su querida casa llamaron a mi madre para decirle que las persianas de las ventanas subían y bajaban solas y que, pusieran lo que pusiesen encima de la nevera, eso salía de allí despedido con violencia.

Mi madre me contó lo que estaba pasando y me pidió que fuera a la antigua casa de mi abuela y «me ocupara de ello». Como no quería que mi abuela se pasara la eternidad disgustada (el cielo sabe que ya era una mujer muy nerviosa en vida), me subí al coche y conduje hasta la casa.

Mi abuela odiaba tomarse sus pastillas y las guardaba encima de la nevera, así que era fácil explicarse por qué tiraba las cosas que se ponían encima, y yo sabía por experiencia que siempre estaba trasteando con las persianas.

Cuando llegué a la casa me presenté a los nuevos propietarios y, al entrar, sentí de inmediato la presencia de mi abuela.

—Abuela, ya no tienes que preocuparte. Esta gente tan amable cuidará de tu casa como lo hacías tú. Y ya no tienes que tomarte las pastillas, así que, por favor, deja de tirarlo todo por encima de la nevera. ¿Por qué no vas con el abuelo y tus familiares al otro lado? —dije.

—Debi, estoy tan confundida… —dijo mi abuela telepáticamente.

—Lo sé, abuela, está bien. ¿Ves una luz blanca brillante? —pregunté.

—Sí.

—Bien. Camina hacia esa luz y todos saldrán a tu encuentro. Te quiero, abuela —dije.

—Yo también te quiero —dijo.

Un par de minutos después, sentí que su presencia se desvanecía y supe que estaba donde debía estar.

Aseguré a los propietarios que se había ido y les di las gracias por llamarnos. Que yo sepa, no se ha vuelto a registrar ninguna actividad paranormal en la antigua casa de la abuela.

La tercera razón por la que el fantasma de un propietario anterior podría estar en tu casa es que simplemente no quiere irse. Esto podría ser por una multitud de razones, pero suelen creer que tienen que proteger la casa y/o algún viejo secreto familiar del que nadie se preocupa realmente o ni siquiera conocen, pero que es importante para ellos.

Traté con el fantasma de un propietario de una finca que murió en 1887 y que todavía se paseaba por las habitaciones de su casa. No lo hacía porque le tuviera especial cariño a la casa, sino porque creía que tenía que proteger un enorme secreto familiar: cómo murió su hija a la tierna edad de veinte años en lo que un periódico local calificó de «misteriosas circunstancias».

ATADO A LA TIERRA

En algunos casos, un fantasma o espíritu está ligado al terreno, no a la casa que se asienta sobre él. Esto ocurre cuando los fantasmas o espíritus, con toda probabilidad, estaban acechando la casa en la que vivían cuando estaban vivos y esa casa fue demolida en algún momento. Esto también explica por qué una casa que es totalmente nueva puede parecer encantada cuando, en realidad, no es la casa la que lo está, sino el terreno sobre el que se encuentra.

En muchos casos, los fantasmas ligados al terreno ni siquiera reconocen a los vivos, sino que realizan sus actividades cotidianas como cuando estaban vivos. Esto lleva a muchos investigadores de lo paranormal a creer que lo que realmente está ocurriendo es una aparición residual, no una aparición fantasmal auténtica.

Sin embargo, hay casos en los que un fantasma ligado a la tierra no solo interactúa con los vivos, sino que se desvive por hacerlo. Es difícil saber por qué actúan así, pero las hipótesis más populares son que quieren expulsar a los actuales residentes de la que consideran su propia casa o quieren que los vivos sepan que están ahí.

Por ejemplo, no es raro oír a personas que dicen ver apariciones que atraviesan la pared. La verdad es que se trata de un fantasma o de energía residual que atraviesa lo que antes era una puerta de la casa en la que vivía.

En algunos casos, un terreno puede estar encantado porque en él se encuentra un viejo cementerio. Hace siglos no era raro que se enterrara a los seres queridos dentro de una propiedad. Con el paso de los años, la gente se mudaba y las tumbas se quedaban allí, y si más tarde se manipulaba el terreno, los fantasmas de las personas enterradas podían despertar de su letargo y empezar a deambular por los alrededores.

Si hay un enterramiento de nativos americanos en la propiedad (de nuevo, algo muy poco habitual) y esta es modificada de alguna manera, los fantasmas de los nativos enterrados allí podrían considerarlo una violación de su tierra sagrada. Cuando esto ocurre, los fantasmas tienden a ser un poco más agresivos de lo que suelen serlo.

Si hay un antiguo pozo en tu propiedad, será mejor que lo vuelvas a rellenar. Se han dado casos en los que los demonios utilizan estos pozos como un portal para entrar en tu propiedad y acabar invadiendo tu casa.

No estoy segura de que rellenar el pozo con rocas, piedras o cemento sea suficiente para detener a un demonio decidido, pero merece la pena tomar precauciones. Los demonios, fantasmas y otros entes suelen tomar el camino de menor resistencia para conservar energía, por lo que rellenar un pozo viejo podría ser suficiente para disuadir a una criatura de este tipo de entrar en tu propiedad. Sin embargo, ten en cuenta que si una entidad realmente quiere llegar hasta ti, no hay mucho que puedas hacer para impedirlo.

ATRAÍDO O INVITADO A TU CASA

Muchas veces alguien invita a un fantasma, espíritu u otro tipo de entidad a su casa. Puede que esto no se haga a propósito, y puede que ni siquiera sepa que lo ha hecho, pero ocurre más a menudo de lo que la gente cree. Veamos algunas de las formas más habituales en que un fantasma o espíritu puede ser invitado a una casa.

Sesiones de espiritismo y tablas ouija

Una de las invitaciones más comunes que se hacen a un fantasma, espíritu u otro tipo de entidad por parte de las personas, normalmente niños, que se adentran en lo paranormal es mediante el uso de sesiones de espiritismo, una tabla *ouija* u otros juegos con los que se divierten algunos niños.

Estas actividades pueden parecer inofensivas, sobre todo si no crees en lo paranormal o buscas algo terrorífico que hacer; sin embargo, a menos que sepas exactamente lo que estás haciendo, puedes atraer a tu casa a un fantasma no deseado que puede convertir tu vida en un infierno.

Las sesiones de espiritismo y la *ouija* abren unas puertas llamadas «portales». Estos conectan el mundo de los vivos con el de los muertos y pueden permitir que cualquier tipo de entidad, buena o mala, los cruce a voluntad. A menos que te hayan enseñado a hacer sesiones de espiritismo o a utilizar correctamente una tabla *ouija*, no deberías meterte en estos asuntos.

Además, si ya tienes algún tipo de entidad en tu casa, no deberías usar una *ouija* para intentar comunicarte con ella, a menos que, como ya he dicho, sepas utilizarla de forma segura.

Comprendo que la curiosidad por saber quién o qué hay en casa haga que la gente se precipite. Yo he «estado allí» cuando se trata de dejar que la curiosidad prevalezca sobre el sentido común, y cada vez me he metido en una situación aún peor que la anterior.

Si no sabes cómo comunicarte con la entidad que hay en tu casa, cualquier intento de comunicación a través del uso de una sesión de espiritismo o un tablero de *ouija* será lo mismo que abrir la puerta principal y darle la bienvenida a tu casa. En otras palabras, le estarás dando permiso para estar allí y, en algunos casos, haciéndolo aún más poderoso.

Un día estaba usando la *ouija* para ver si podía conseguir ayuda del otro lado, concretamente de mi padre, en un caso en el que estaba trabajando en ese momento.

Tardó unos minutos, y el puntero respondió «sí» cuando le pregunté si había un espíritu presente. Entonces pregunté si el espíritu era el de mi padre. Respondió: «No».

—¿Quién es usted? —pregunté.

—Un amigo —respondió.

Mientras me comunicaba con este espíritu, la energía de la habitación cambió. Se volvió pesada y me costaba respirar.

Continué durante unos quince minutos intentando que la entidad se identificara, pero fue en vano. Sin embargo, la energía de la habitación se volvió amenazadora y oscura.

—¿Qué quieres? —pregunté finalmente.

—Voy a matarte —respondió.

Retrocedí horrorizada y guardé rápidamente la *ouija*. Luego purifiqué mi casa dos veces al día, durante dos semanas, con un sahumerio para asegurarme de que lo que había invocado había desaparecido por completo.

Desorden

Lo creas o no, una casa desordenada y desorganizada puede atraer a espíritus como demonios y *poltergeist*. Para este tipo de entidades, el desorden es caos, y los demonios y *poltergeist* prosperan en el caos.

En teoría, la energía de un hogar desordenado puede volverse muy pesada y afectar a nuestro estado de ánimo, dando lugar a una energía negativa. El desorden y el caos pueden hacer que nos sintamos tristes y deprimidos.

Todas estas son emociones negativas que pueden atraer una entidad negativa a tu hogar. Ya que la energía atrae energía similar, la energía negativa en un hogar desordenado puede atraer fantasmas negativos, espíritus u otros tipos de entidades como demonios. La energía de tu hogar necesita fluir libremente para mantenerla ligera y fresca. Una casa desordenada o caótica impide que esto suceda.

Una casa limpia y ordenada tiene menos probabilidades de atraer espectros negativos y puede alegrar tu estado de ánimo muchísimo, ahuyentando así cualquier energía negativa que pudiera atraer a un demonio o espíritu o fantasma.

Inestabilidad emocional

Ya que estamos hablando de estados de ánimo negativos, lo mismo podría decirse de cualquier trastorno emocional que se produzca en tu hogar o negocio.

En un hogar donde se producen muchas discusiones y, en general, hay mal ambiente, las probabilidades de atraer a un espíritu negativo aumentan exponencialmente. Como ya hemos dicho, se trata de emociones negativas que atraen a ciertos tipos de entidades negativas, como demonios y *poltergeist*. Lo mismo ocurriría si alguien de la casa abusa de las drogas y/o el alcohol.

Los trastornos emocionales y/o el abuso de drogas y alcohol nos debilitan psicológica, física y emocionalmente, convirtiéndonos en objetivos para que un demonio u otro tipo de entidad negativa se introduzca en nuestras vidas.

Las entidades negativas se alimentan de nuestras debilidades y, en muchos casos, pueden hacerse más poderosas. Estas entidades necesitan energía negativa, no positiva, para sobrevivir. Recuerda: la mala energía alimenta a la mala energía del mismo modo que la energía positiva engendra energía positiva. En otras palabras, recibes de vuelta lo que pones en el universo.

Objetos encantados

Los espíritus a veces se aferran a un objeto particular que adoraban cuando estaban vivos, provocando así que ese objeto se convierta en uno encantado.

Es posible que un objeto que compres en un mercadillo, una tienda de segunda mano o una tienda de antigüedades tenga un espíritu ligado a él.

¿Alguna vez has querido comprar algo, pero te ha dado «mala espina» y lo has acabado dejando? Tu sexto sentido estaba intentando decirte, probablemente, que había un fantasma, espíritu u otro tipo de entidad unida a ese objeto y no era seguro para que lo compraras.

La mayoría de las veces, los objetos encantados no suponen una amenaza real para los vivos, a pesar de lo que todos hemos visto en las películas o en la televisión. Sin embargo, los fantasmas que habitan estos objetos pueden ser muy activos dentro de tu casa. Así que si estás experimentando una actividad paranormal que antes no existía, piensa en lo que puedes haber comprado en una tienda de antigüedades o mercado de pulgas y ver si se correlaciona con el momento en que la actividad paranormal comenzó a tener lugar. Si es así, deshazte del objeto y la actividad cesará al instante. Un objeto encantado es uno de los problemas más fáciles de resolver en el mundo paranormal.

Los fantasmas pueden adherirse a casi cualquier cosa, incluyendo muñecas, piedras, madera, muebles, ropa, joyas y espejos; básicamente cualquier cosa que sea porosa y pueda contener energía.

Un objeto que parece encantado puede tener, en muchos casos, simplemente energía residual adherida a él, y aunque eso se consideraría una aparición residual porque el fantasma o espíritu no está realmente presente, todavía puede ser terrorífico.

La mayoría de las veces, la actividad paranormal se produce solo en la habitación donde se guarda el objeto encantado, aunque es posible que la actividad aparezca en cualquier lugar de la casa o el negocio. Los fantasmas y espíritus que acechan un objeto pueden sentir curiosidad por su nuevo entorno y deambular libremente, como haríamos tú o yo si estuviéramos en un nuevo lugar.

Hace poco me llamaron para consultarme un caso que resultó estar relacionado con un objeto encantado. Una mujer había comprado una cómoda de segunda mano. Estaba contentísima de haber encontrado una cómoda que estaba prácticamente nueva por un precio tan bajo. Se la llevó a casa y la colocó en su dormitorio.

Al cabo de un par de días, empezaron a producirse en su casa sucesos extraños que no habían ocurrido antes. Los objetos de la cómoda eran lanzados violentamente, los cajones se abrían solos y la ropa era arrojada por toda la habitación. Este tipo de hechos se extendieron al resto de la casa en cuestión de días. Aterrorizada, la mujer se puso en contacto con un equipo de investigación paranormal, que a su vez se puso en contacto conmigo para que los ayudara a solucionarlo.

Aunque llevamos a cabo una investigación exhaustiva, no pudimos captar nada en vídeo, ni tampoco en imágenes digitales o grabaciones, aunque la actividad persistía. Interrogamos a la mujer sobre los objetos que había comprado justo antes de que comenzaran los sucesos paranormales.

Nos habló de la cómoda y de dónde la había comprado. Entonces hicimos nuestras investigaciones y descubrimos que la cómoda había pertenecido a una casa donde un padre se había vuelto loco y había asesinado a su mujer y a sus dos hijos y luego se había suicidado.

Cuando nos enteramos de esto sospechamos que, como había sido una historia tan trágica, la energía residual se había adherido a la cómoda (que estaba hecha de madera) y ahora se estaba manifestando de una forma muy negativa. Una vez que la mujer se deshizo de la cómoda, cesó toda actividad paranormal en su casa.

Es importante que entendamos que si un fantasma o espíritu está unido a un objeto, lo mejor que podemos hacer es librarnos del objeto para resolver el problema.

Los que se pegan a ti

Hay fantasmas y espíritus que se pegan a ti, provocando que no sea la casa la que está encantada, sino tú mismo. Es más habitual que esto le suceda a un investigador de lo paranormal que a una persona que no sale a buscar fantasmas, pero puede suceder y sucede.

A veces, cuando las personas mueren, se sienten confundidas. Entonces puede que no vean la luz para cruzar al otro lado o que no quieran cruzar por miedo a ser juzgadas por cosas que hicieron cuando estaban vivas.

Puede haber otras razones por las que un fantasma se adhiere a una determinada persona y que solo él conoce. Sin embargo, ciertas características de los vivos pueden atraer a los fantasma y hacer que se adhieran. La más habitual es la energía de la persona.

Si experimentas algunas de las señales más habituales de la adherencia de un espíritu (cambios en el comportamiento que incluyen un aumento de la ira, depresión o pensamientos suicidas; enfermedades repentinas e inexplicables; pérdida de energía; incapacidad para concentrarse; dolores de cabeza; pesadillas; ataques de pánico, o ansias repentinas de alcohol, tabaco o drogas), es posible que tengas un espíritu pegado a ti.

Si tú o un ser querido experimentáis alguno de estos síntomas, tampoco significa necesariamente que tengáis adherido un espíritu. Lo más probable es que haya una explicación racional para estos síntomas, y cualquiera que los experimente debería visitar a un médico. Nunca me cansaré de repetir que es normal experimentar muchos de estos síntomas y que la adherencia de espíritus es muy poco habitual.

Sinceramente, la forma más fácil de librarse de un espíritu es hablarle y decirle que se vaya. De este modo, el espíritu sabrá que eres consciente de su presencia y que no vas a tolerar que se pegue a ti.

Si eres una persona religiosa, puedes hablar con un sacerdote y pedirle que te bendiga a ti y a tu casa para que el espíritu se marche.

Dependencia

Una persona fallecida que tuvo problemas en vida o que fue adicta a las drogas y al alcohol, puede unirse a una persona viva que tenga los mismos problemas. El fantasma establece una especie de parentesco con la persona viva desde el más allá.

Este tipo de dependencia resulta peligrosa para el vivo porque el fantasma, en algunos casos, puede instar a la persona a continuar con su comportamiento destructivo para no perder el vínculo y quedarse solo.

Lo mismo podría decirse de los fantasmas que han tenido trastornos emocionales o enfermedades mentales cuando estaban vivos; podrían adherirse a una persona con los mismos problemas. De nuevo, se forja una dependencia entre el fantasma y el vivo, lo cual no resulta nada beneficioso para la persona, porque el fantasma podría estar impidiéndole recuperarse o buscar el tratamiento que necesita.

Si conoces a alguien que es adicto a las drogas y/o al alcohol y sabes cómo se comporta cuando abusa de estas sustancias, podrías observar si se producen cambios en su comportamiento como los que he descrito.

Muchas veces, las personas del círculo íntimo de un adicto no podrán reconocer si este tiene adherido un fantasma porque creerán que están frente a los síntomas de las drogas y/o el alcohol. Recuerda que no siempre es así.

La necesidad de alimentarse

Muchos investigadores de lo paranormal creen que los fantasmas y espíritus en el plano terrenal necesitan energía, no solo para sobrevivir, sino también para interactuar con el entorno.

Un fantasma o espíritu puede adherirse a una persona viva simplemente para succionarle la energía durante un periodo de tiempo y así sobrevivir.

Al igual que las personas vivas pueden ser vampiros de energía, los fantasmas y espíritus pueden hacer exactamente lo mismo; sin embargo, yo creo que un fantasma cuyo único propósito es chuparte la energía es aún peor, porque la mayoría de las veces no te das cuenta de que eso es lo que te está pasando.

Es fácil reconocer a un vampiro de energía vital porque, después de haber estado cerca de uno de ellos, te sientes agotado. Además, la mayoría de los vampiros de energía no se dan cuenta de que están drenando la energía de las personas. En cambio, un fantasma o espíritu que es un vampiro de energía vital te está drenando conscientemente tu energía para poder sobrevivir en este plano de existencia.

Cuando un fantasma o espíritu se adhiere a ti para alimentarse, se produce una situación muy peligrosa para tu salud física y psicológica. Lo que ocurre es que, con el tiempo, la entidad que se te ha pegado drenará tu cuerpo de energía vital. Esto debilita tu sistema inmunológico y podría provocar enfermedades y, en casos extremos, la muerte.

Ten en cuenta que no es la entidad la que intenta matarte intencionadamente, sino que es la enfermedad la que puede provocar el drenaje de energía de tu cuerpo y acabar contigo. Lo sé, lo sé, parece pura semántica, pero realmente hay una diferencia. El espíritu no quiere que su anfitrión muera, porque entonces el fantasma o espíritu tendría que encontrar otro anfitrión vivo, lo que puede resultar una tarea difícil. La verdadera amenaza para los vivos es hacerse más susceptibles a la enfermedad y que esta drene la energía de sus cuerpos.

Lo primero que debes hacer es visitar a tu médico para descartar cualquier causa física o psicológica de tus síntomas. La ansiedad, el estrés y/o la depresión también pueden provocar los síntomas mencionados anteriormente, junto con diversas dolencias físicas asociadas con un nivel bajo de vitamina D o de otros nutrientes que el cuerpo necesita para funcionar con la máxima eficacia. Hay varias enfermedades que pueden provocar estos síntomas, por lo que es fundamental descartarlas.

Si crees que tienes un fantasma o un espíritu pegado a ti, puedes seguir los consejos del capítulo 5. Te recomiendo que leas la sección «Romero, salvia y sal marina» de ese capítulo. Un fantasma que se te ha pegado, lo pretenda o no, puede considerarse un espíritu negativo y, por supuesto, tu prioridad debe ser alejarlo de ti.

El fantasma se ha mudado a tu casa o negocio

Los fantasmas y los espíritus pueden adaptarse a diferentes situaciones, y se sabe que pueden mudarse de un lugar a otro.

Esto suele ocurrir cuando se tira abajo un edificio, ya sea una casa o un negocio. Cuando esto ocurre, los fantasmas simplemente se mudan a otro lugar que esté cerca o que se parezca a donde vivían antes de que fuera demolido.

Un ejemplo: desde que era niña, sabía que había un fantasma llamado Nathaniel en la segunda planta de la casa de mi tía abuela. Como ya he dicho, esta planta solo se utilizaba como almacén y nadie vivía allí. Nathaniel fue mi primer encuentro con un fantasma, mi mejor amigo y confidente.

Cuando me hice mayor y aprendí a utilizar mi don de una forma más compleja, le pregunté a Nathaniel cómo había llegado a vivir en la casa de mi tía abuela, ya que él no era familiar mío y la casa solo había pertenecido a la familia. Como expliqué en el capítulo 2, me dijo que antes vivía en la vieja casa de la esquina, pero que la habían demolido para construir una gasolinera... ¡Qué cosa más vulgar!

En fin, así fue como me enteré de que los fantasmas pueden mudarse de un lugar a otro a voluntad. Desde que conocí a Nathaniel, me he topado con otros fantasmas y espíritus desplazados que se han trasladado de un lugar a otro debido a la destrucción de su anterior morada.

Si hasta ahora tu casa o negocio no había tenido ningún tipo de actividad paranormal, es posible que un fantasma o espíritu desplazado haya fijado su residencia y se haya sentido como en casa.

Llegado a través de un portal

Hay muchas personas de la comunidad paranormal que creen que existen puertas entre el mundo de los vivos y el de los muertos, llamadas «portales», y que los fantasmas, espíritus y otras entidades son capaces de cruzarlos tan fácilmente como tú o yo cruzaríamos una puerta abierta.

También se dice que los portales pueden estar hechos por el hombre o ser naturales, y que pueden permanecer abiertos durante un periodo de tiempo indefinido, a menos que aparezca alguien que sepa cómo cerrarlos, y esas personas son pocas y viven a mucha distancia entre sí.

Los portales pueden abrirse a propósito o sin saberlo por parte de una persona viva. Una de las formas más comunes de abrir un portal es mediante el uso de una tabla *ouija* o una sesión de espiritismo. Es imposible controlar lo que entra por un portal que comunica el mundo de los muertos con el de los vivos, así que lo mejor es no jugar con la *ouija* o las sesiones de espiritismo a menos que se sepa muy bien lo que se está haciendo.

Espejos

He querido incluir una sección sobre espejos en este capítulo porque es importante saber que algunos investigadores de lo paranormal creen que los espejos pueden actuar como portales o puertas al mundo de los espíritus, y que es posible que los fantasmas los utilicen para visitar el mundo de los vivos. Cuando esto ocurre, estos fantasmas suelen ser muy activos.

Ahora bien, antes de que vayas corriendo por tu casa deshaciéndote de todos los espejos que tengas, ten en cuenta que aunque estos pueden actuar como portales, en la mayoría de los casos algo tiene que atraer a ese espíritu a través del espejo y hacia tu casa.

Esto significa que si alguien que vive en su casa es muy emocional, está enfadado, molesto o triste, la probabilidad de que un fantasma sea atraído a través de un espejo aumenta. Esto se debe a que algunos tipos de fantasmas se sienten atraídos por las emociones negativas, ya que son intensas y emiten una energía fuerte, lo que atrae a los fantasmas o espíritus.

Aunque esto ocurre, los fantasmas o espíritus que atraviesan los espejos son extremadamente raros, y en mis más de treinta años como cazafantasmas solo me he topado con dos casos de este tipo, que ahora compartiré contigo. Pero recuerda, yo busco estas cosas; la mayoría de la gente no lo hace.

Una mujer que era muy emocional y nerviosa (y esto es un eufemismo) se mudó a una casa, y descubrió que las personas que vivieron allí antes habían dejado un viejo espejo con un bonito marco de madera colgado encima de la chimenea.

Esta mujer dejó el espejo allí, pero pronto se dio cuenta de que la casa a la que acababa de mudarse estaba encantada a un nivel muy alto. Algo invisible intentaba empujarla a ella, a su marido y a sus hijos por las escaleras del sótano; los objetos se soltaban violentamente de donde estuvieran colgados y salían despedidos con gran fuerza por la habitación, y las puertas se abrían solas con tal fuerza que casi se salían de las bisagras.

Temiendo por su seguridad, la familia se mudó a otra casa, pero la mujer se llevó el viejo espejo a la nueva casa. El mismo tipo de actividad empezó a producirse otra vez.

La mujer y su marido se pusieron en contacto conmigo y me di cuenta de que estaban muy asustados, lo cual era comprensible. Tras una larga conversación, por fin me habló del espejo. Les dije que sacaran inmediatamente el espejo de su casa.

El marido agarró el espejo, lo sacó afuera, lo rompió en mil pedazos y lo tiró todo a un contenedor que había al otro lado de la ciudad. Desde entonces, toda actividad paranormal en su casa ha cesado, y me alegra saber que la familia vive en paz.

Sé que estarás pensando: «¿Cuántos espejos tienes en tu casa, Debi?». La respuesta es diez.

Otro caso en el que trabajé fue el de un fantasma que estaba atrapado en un espejo. Me planteó todo un reto, y lo que parecía un caso sencillo resultó ser uno de los más intrigantes y complicados de mi carrera como cazafantasmas.

Me contactó James, el jefe de nuestro equipo, Black River Paranormal. Se había puesto en contacto con él un joven llamado Sam, que tenía un espíritu bastante activo que había tomado residencia en su dormitorio.

Los cuadros y pósteres eran arrancados violentamente de las paredes, y los objetos de las estanterías eran lanzados por los aires. Todo parecía indicar que se trataba de un *poltergeist*.

Sam y su compañero de piso, que no estaba experimentando ninguna actividad paranormal, vivían en un apartamento de la segunda planta de lo que solía ser una tienda de antigüedades. James arregló que fuéramos allí un domingo por la mañana.

El día de la caza de fantasmas amaneció oscuro y lluvioso. El sol se colaba entre las nubes y los relámpagos cruzaban el cielo como una telaraña cuando salía de la entrada de mi casa: las condiciones perfectas para una caza de fantasmas. Sam vivía a una hora de distancia y tuve que parar en una iglesia católica para rellenar el recipiente que usaba para el agua bendita.

Cuarenta y cinco minutos más tarde, me detenía en la entrada de un anodino edificio de dos plantas cubierto por un revestimiento de vinilo de color azul. Me reuní con James y subimos por una claustrofóbica escalera hasta la segunda planta.

Al final de la escalera nos recibió Sam, que nos enseñó el pequeño apartamento. La cocina estaba a nuestra izquierda, el salón a nuestra derecha, y los dormitorios estaban justo delante y bordeando la sala de estar. El de Sam era el primer dormitorio.

Me tomé mi tiempo y caminé por el apartamento en un intento de adaptarme a la energía y ver qué espíritus, si los había, estaban presentes. Sentía la energía muy cargada y pesada.

Al tratarse del típico piso de soltero, la ropa estaba tirada por todas partes y la colada se amontonaba en el lavadero.

Había latas de cerveza, vasos medio vacíos y cajas de pizza sobre la mesa de centro de la sala de estar: los restos de otra fiesta a la que no me habían invitado.

James me seguía con la grabadora de vídeo mientras Sam estaba sentado en el sofá. Sus grandes ojos azules me miraban con la esperanza de que pudiera ayudarlo con su problema fantasmal.

Satisfecha con que no hubiera más espíritus en las otras habitaciones del apartamento, me dirigí al dormitorio de Sam.

Mis ojos tardaron un minuto en adaptarse a la oscura habitación. Unas pesadas cortinas que estaban corridas colgaban de las ventanas y bloqueaban la poca luz que llegaba de fuera debido a la tormenta.

La amplia habitación estaba iluminada por una única lámpara que proyectaba sombras espeluznantes por todo el dormitorio. Sam encendió otra pequeña lámpara, iluminando un poco más la habitación. Las paredes estaban vacías, pero podía ver unos agujeros de clavos y marcas de cinta adhesiva donde antes colgaban cuadros y pósteres, que ahora estaban en el suelo o apoyados contra las paredes.

En la pared del fondo, junto al armario, había un sofá; en la pared de mi derecha, una cama de matrimonio, y en el rincón del mismo lado, un gran espejo ovalado sujeto a un soporte.

Me acerqué al espejo y lo examiné de cerca; parecía antiguo.

—Eso era lo único que había en el apartamento cuando nos mudamos —dijo Sam—. El casero nos dijo que no moviéramos el espejo ni nos deshiciéramos de él.

—¿Dijo por qué? —le pregunté.

—No. Se lo pregunté, pero no me contestó —suspiró Sam, sentándose en el borde de la cama—. Lo único que dijo es que había un espíritu llamado Zack en el apartamento, pero que era inofensivo. No me entusiasmó, pero el alquiler era barato y está cerca de mi trabajo y mi iglesia.

—Interesante —murmuré—. ¿Así que la idea de vivir con un fantasma no te asustó?

—La verdad es que no. En ese momento pensé que sería una novedad —dijo Sam, sonrojándose ligeramente—. Nunca imaginé que se convertiría en una pesadilla.

—Entonces, ¿Zack es el que arrancó las fotos y los pósteres de la pared? —pregunté, dándome la vuelta para mirar a Sam.

—Sí. ¿Ves los estantes vacíos? —dijo Sam, señalando tres que había encima de su cama—. Tenía ahí mis trofeos de béisbol y otras cosas, pero se me caían encima mientras dormía. Al principio pensé que los estantes no estaban rectos, pero comprobé que sí lo estaban. Además, las cosas salían volando con fuerza.

—Ya veo —respondí, mirando por toda la habitación y observando que los trofeos estaban colocados en un rincón.

James dejó la grabadora encima de la cómoda, junto a la puerta de la habitación, y se subió a la cama para examinar las estanterías. Las agarró y tiró de ellas, pero no se movieron.

Luego sujetó una pelota de béisbol del suelo y la colocó en las estanterías de una en una, pero la pelota no se movió ni un milímetro.

—Parece que las estanterías están rectas —dijo James, satisfecho con los resultados de su prueba.

Me tomé mi tiempo y examiné cada rincón de la habitación, deteniéndome de vez en cuando para sentir la energía, pero la habitación parecía despejada, hasta que llegué junto al espejo. Entonces la energía cambió y se cargó de electricidad. Sin duda, algo intentaba llamar mi atención; ahora solo tenía que averiguar quién o qué era.

Normalmente me comunicaría de forma telepática con un fantasma o espíritu, pero como James estaba grabando un vídeo, decidí utilizar el péndulo. Me quité el rosario del cuello, besé la cruz y lo dejé colgando de mi dedo índice.

—Vale, Zack —dije en voz alta—. Esto es lo que vamos a hacer: quiero que muevas el rosario hacia delante y hacia atrás para decir «sí», y en círculos para decir «no». ¿Entendido?

De repente, el rosario empezó a oscilar rápidamente hacia delante y hacia atrás.

—Vale, bien —dije—. Zack, me llamo Debi y estoy aquí para ayudarte. ¿Entendido?

De nuevo el rosario hizo el mismo movimiento hacia delante y hacia atrás. Lo detuve con la mano.

—Genial. ¿Quieres hacerle daño a alguien de aquí? —pregunté.

El rosario giró en círculo. Sam y James se quedaron boquiabiertos con la comunicación espiritual que se estaba produciendo.

—Estupendo. Gracias, Zack —dije, impidiendo de nuevo que el péndulo se moviera—. ¿Estás atrapado aquí?

El rosario osciló de un lado a otro para decir que sí.

—¿Necesitas que te ayude a ir hacia la luz?

Zack respondió haciendo oscilar el rosario de un lado a otro rápidamente.

—Vale, genial. Zack, voy a moverme por un rincón de la habitación hasta llegar al espejo. Cuando esté cerca de ti, quiero que hagas que el rosario se mueva en tu dirección. ¿Entendido?

De nuevo, sí.

Me fui acercando al espejo con el rosario delante de mí. Cuando estuve a unos quince centímetros, la cruz empezó a moverse con fuerza frente al espejo, golpeando repetidamente el cristal.

James y yo intercambiamos una inquisitiva mirada. ¿Por qué la cruz estaba golpeando el espejo?

Perpleja, retrocedí y volví a acercarme al espejo. La cruz que colgaba del rosario hizo el mismo golpeteo.

—¿Zack? —Hice una pausa, asustada de preguntar lo que parecía obvio—. ¿Estás atrapado dentro del espejo?

El rosario se movió con rapidez de un lado al otro.

—De acuerdo, Zack. Te sacaré de ahí —le prometí—. James, ¿puedo hablar contigo un momento en la otra habitación?

James apagó la videocámara y me siguió hasta el salón.

—Entonces, ¿cuál es el plan? —preguntó James cuando Sam no podía escucharnos.

—No lo sé —me encogí de hombros—. Nunca me había encontrado con un fantasma atrapado en un espejo, aunque sabía que podía darse el caso.

—Vale… —James me miró expectante.

—Voy a intentar sacarlo del espejo —dije.

—¿Y si eso no funciona? ¿Cuál es el plan B? —preguntó James.

—No hay plan B —respondí, alejándome de él y volviendo al dormitorio de Sam.

James lanzó un largo suspiro y me siguió, deteniéndose solo para encender la grabadora de vídeo.

Al tener que concentrarme en la tarea que tenía entre manos, decidí sustituir el rosario por la telepatía para comunicarme con Zack. Él necesitaría toda la energía posible para salir del espejo, y podría conservarla hablando conmigo telepáticamente.

—De acuerdo, Zack —dije en voz alta—. Este es el trato. Tienes que comunicarte conmigo telepáticamente porque te ayudará a ahorrar energía. Voy a sacarte del espejo, pero tienes que prometerme una cosa.

—¿Qué? —oí decir a Zack.

—Tienes que prometerme que irás directamente a la luz y no te quedarás aquí ni en ningún otro sitio. ¿De acuerdo? —le dije.

—Te lo prometo. Por favor, ayúdame —suplicó Zack.

—Bien. Esto es lo que vamos a hacer, Zack. Voy a poner las manos sobre el espejo y voy a dirigir hacia dentro mi energía. Cuando sientas la energía, quiero que la sigas y salgas del espejo a través de mí. En cuanto estés fuera, abandonarás mi cuerpo. ¿De acuerdo? —Sabía que era arriesgado, pero no conocía otra forma de sacar al pobre fantasma del espejo.

—De acuerdo. Estoy listo —respondió Zack.

Después de respirar hondo para concentrarme, coloqué las palmas de las manos sobre el espejo y dejé que mi energía fluyera hacia dentro.

Al instante, sentí que la energía de Zack empezaba a mezclarse con la mía. Mis manos empezaron a hormiguear y la sensación subió rápidamente por mis brazos hasta rodear todo mi cuerpo. En pocos segundos, sentí que la energía de Zack me abandonaba y se encontraba a mi lado.

—¿Puedes ver la luz, Zack? —le pregunté.

—Sí, la veo. No tengo palabras para expresar mi gratitud —dijo.

—Vete en paz —le dije en voz baja.

—¡Veo a mi familia! —exclamó Zack. Con esas palabras, sentí que su energía abandonaba por completo la habitación.

—Se ha ido hacia la luz —les dije a James y Sam, que me miraban con expectación.

—¿Volverá? —preguntó Sam.

—No, no volverá —prometí—. Ahora hay que purificar este apartamento.

Salí del dormitorio y me dirigí a mi maletín, que había dejado sobre la mesa de la cocina. Saqué un atadillo de salvia blanca, hierba dulce e incienso y mi botella de agua bendita.

Después de encender el atadillo, recorrí todo el apartamento asegurándome de que el humo llegara a todos los rincones. Mientras purificaba con el humo la zona, con voz tranquila pero firme ordené a las energías o espíritus negativos que se marcharan inmediatamente.

Cuando terminé, abrí la botella y recorrí todo el apartamento. Iba mojando el dedo índice con el agua bendita y haciendo la señal de la cruz en el marco de cada puerta y ventana que me encontraba.

Mientras trabajaba, ordené a cualquier tipo de fantasma o entidad que abandonara el lugar en nombre de Dios. Podía sentir que la energía de las habitaciones se volvía menos pesada.

—Ahora la casa está limpia. No deberías tener más problemas —le anuncié a Sam.

Vi cómo se le relajaban todos los músculos de la cara.

—Gracias —dijo Sam.

—De nada. Si tienes más problemas, díselo a James y volveremos a venir —le aseguré.

Unos minutos después, James y yo recogimos nucstras cosas y salimos del apartamento.

Han pasado un par de años, y Sam nos ha dicho que, desde que estuvimos allí, toda la actividad paranormal del apartamento ha cesado.

Esta historia es una de las más interesantes de toda mi carrera como médium y cazadora de fantasmas. Es uno de esos casos que nunca olvidaré, no porque fuera especialmente complicado, sino porque encontrar un espíritu atrapado en un espejo me parece algo extraordinario.

Sabía que los espejos podían actuar como portales entre el plano terrenal y el otro lado, pero no era consciente de que un fantasma o un espíritu pudiera quedarse atrapado en uno de ellos.

Hasta que Zack no se hubo marchado, no se me ocurrió preguntarle cómo se había quedado atrapado en el espejo, pero ya era demasiado tarde. Zack estaba ahora donde debía estar, y solo puedo imaginar la angustia que debió haber pasado.

Mientras volvía a casa bajo la lluvia, pensaba en lo que acababa de ocurrir. El caso tenía ahora todo el sentido: Zack no se había comportado con Sam de forma maliciosa o violenta; tan solo había tratado de llamar la atención desesperadamente para que lo ayudaran.

Este caso es una lección, no solo para los investigadores de lo paranormal, sino para todo el mundo. Un fantasma o espíritu que actúa de una forma que consideras destructiva podría estar haciéndolo porque es la única forma que esa pobre alma tiene de pedir ayuda.

CAPÍTULO CINCO

PROTEGERSE ANTES DE LIBRARSE DE UN FANTASMA

Antes de sumergirnos en el tema de cómo puedes librarte del fantasma o espíritu que está ocupando tu casa o negocio, es importante que te protejas de la entidad. Esto resulta especialmente importante si crees que el fantasma o espíritu es un ser maligno y puede tomar represalias si emprendes acciones contra él.

Este capítulo está dedicado a las formas que existen de protegerse de fantasmas y espíritus. Encuentra la que tenga más sentido para ti y en la que puedas confiar de verdad.

HABLEMOS DEL MIEDO

Tu corazón late desbocado. Empiezas a sudar. Aprietas los dientes y tu mente se bloquea. Quieres correr, pero sientes los pies pegados al suelo. ¿Es un ataque de pánico? No. Es el cuerpo de una persona respondiendo a un suceso paranormal. En otras palabras, tu reacción natural de «lucha o huida» se pone en marcha y experimentas miedo. No hay nada malo en ello, es humano.

Antes de entrar en las técnicas de protección contra fantasmas, espíritus, demonios y otras cosas que surgen en la noche, quiero hablarte del miedo. El miedo es tu enemigo cuando tratas con fantasmas, espíritus y demonios. El miedo puede nublar tu juicio y volver a algunas entidades más poderosas, lo cual no es el resultado que deseas. Una de las mejores formas de protegerse de fantasmas, espíritus y cosas similares es aprender a no tener miedo o, al menos, a no mostrarlo.

No te estoy diciendo que no tengas miedo de los demonios u otras entidades malignas; de hecho, deberías sentirte aterrorizado y buscar inmediatamente la ayuda profesional de un sacerdote o de un investigador de lo paranormal, pero aun así no deberías mostrarles que tienes miedo.

Lo que intento transmitirte es que necesitas aprender a controlar tu miedo, pensar de forma racional y actuar conforme a la situación, no reaccionar aterrorizado y, en algunos casos, empeorar la actitud de la entidad.

La conclusión más importante que deberías sacar de este libro, aparte de cómo puedes librarte de una entidad, es que no debes tener miedo de un fantasma corriente, a menos que alguien esté siendo herido físicamente.

Hace poco vi un programa de televisión sobre temas paranormales en el que una mujer estaba tan consumida por el miedo, y tan convencida de que había una entidad maligna en su casa, que se negaba a aceptar que hubiera una explicación lógica para lo que su familia estaba experimentando.

Resultó que había un campo electromagnético muy alto en su casa, provocado por un sistema eléctrico defectuoso. Se sabe que un campo electromagnético alto puede provocar las enfermedades, alucinaciones y otros síntomas que experimentaba esa familia. Una vez resuelto el problema, ella seguía negándose a creer que no había un fantasma maligno en su casa.

La lección de todo esto es que no debemos dejar que el miedo nos paralice hasta el punto de que dejemos de comportarnos racionalmente y entremos en una crisis emocional que nos perjudique física, emocional y psicológicamente.

El miedo conduce al estrés, y la exposición a un estrés prolongado puede provocar enfermedades y trastornos de salud como angina de pecho, asma, arritmia, hipertensión, dolores de cabeza, derrames cerebrales, insomnio, diabetes y eczema, por nombrar solo algunos.

Hay un momento para descansar y otro para actuar. La reacción de lucha o huida suele durar poco, pero si lo que está provocando que tu cuerpo reaccione de esta manera no desaparece de tu vida, no podrás descansar y recuperarte. Cuando el cuerpo ya no puede mantener su equilibrio, empieza a alterarse. El resultado puede ser la enfermedad e incluso la muerte.

¿Por qué te estoy contando esto y qué tiene que ver con los fantasmas? Estoy exponiendo los efectos que el miedo puede provocar en tu cuerpo, porque si tienes un fantasma en tu casa, espero que te lo pienses dos veces antes de reaccionar ante lo que podría ser un suceso paranormal inofensivo.

Entiendo tan bien como cualquier otra persona que experimentar una actividad paranormal puede ser una experiencia terrorífica. He sido investigadora de lo paranormal durante más de treinta años, y todavía tengo miedo. La diferencia es que he aprendido a controlarlo y voy a compartir mis técnicas contigo ahora mismo.

Analiza el miedo

La próxima vez que experimentes alguna actividad paranormal, párate a pensar un segundo: ¿te están haciendo daño de alguna manera? Probablemente no, así que ¿por qué tienes miedo?

La respuesta a esta pregunta no es tan complicada como crees. Tienes miedo por una de estas dos razones: has sido programado para tener miedo a los fantasmas o tienes miedo a lo desconocido.

Ambas razones son válidas. El miedo a lo desconocido está en la naturaleza humana. La clave para superarlo en cualquier situación es la educación. Por eso escribí este libro, para educarte sobre los fantasmas, sus comportamientos y sus razones para estar aquí y cómo puedes hacer que se vayan.

Mi filosofía es la siguiente: una vez que conoces al fantasma que comparte tu casa o negocio, se te quita parte del miedo.

Por lo que a mí respecta, si siento que el miedo aparece, me alejo de la situación durante unos minutos, respiro hondo un par de veces y me tranquilizo. También aprovecho ese tiempo para pensar en lo que acaba de ocurrir y en cómo quiero manejar la situación.

Esto es lo que debes hacer: la próxima vez que experimentes un suceso paranormal, párate a pensar si a ti o a alguien más os están haciendo daño físico o psicológico. Si no es así, decide cómo quieres manejar la situación. Puedes huir, que es una reacción originada por el miedo; puedes decir algo en voz alta al fantasma o espíritu, reconociendo su presencia, o puedes ignorar simplemente el suceso; la elección es tuya.

Mantén el control

Recuerda que la entidad está invadiendo tu espacio, no al revés. Tú debes tener el control, no él. Es importante que entiendas que no siempre vas a poder evitar situaciones potencialmente terroríficas, así que no te centres en lo que podría llegar a ocurrir. En lugar de eso, controla todo lo que puedas y sigue adelante. Aunque no puedas controlar al fantasma, sí puedes controlar cómo reaccionas. Por ejemplo, si mantienes a raya tus pensamientos, centrándote en lo positivo y no en lo negativo, podrás mantener la calma y, por tanto, el control.

A veces, para salir airoso de este tipo de situaciones, yo le digo en voz alta al fantasma: «Sé que estás aquí y no te tengo miedo. Yo controlo esta situación, no tú». Parezco mucho más valiente de lo que me siento en realidad, pero estas palabras me ayudan a tranquilizarme y a tener la situación bajo control. Puedes utilizar esta misma técnica para controlarte a ti mismo y, en algunos casos, la situación.

Elabora un plan

Tratar con un fantasma y, en última instancia, librarte de él implica que seas proactivo. No puedes tener miedo y ser proactivo al mismo tiempo. Inténtalo y verás que no puedes hacerlo. La mejor defensa contra el miedo es un buen ataque contra lo que te asusta.

Si tienes que salir de casa un par de días para reflexionar y elaborar un plan antes de volver, hazlo. A la larga tendrás más probabilidades de librarte del fantasma o espíritu.

Cuando estoy trabajando en un caso paranormal difícil, visito el lugar un par de veces, hablo con la gente, hago un montón de preguntas, investigo y luego me tomo unos días para pensar en todo lo que he aprendido, así como hacer algunas investigaciones sobre la propiedad y llegar a un plan de acción para ayudar a la persona con su problema.

Tomarse el tiempo necesario para elaborar un plan viable puede ahorrarte mucho trabajo, estrés y frustración. Si el primer plan no funciona, ten listo un plan B, aunque no lo pongas en marcha el mismo día.

Esto te hará sentir que tienes el control de la situación paranormal y que podrás manejarla con calma y firmeza, teniendo así más probabilidades de solucionarlo.

Por ejemplo, tu plan podría consistir en utilizar este libro para identificar el tipo de fantasma con el que crees que estás tratando y el tipo de aparición que se está produciendo en tu casa. Una vez que tengas esa información, puedes ir al capítulo 6 y leerlo hasta que encuentres, al menos, dos métodos con los que te sientas cómodo. En ese momento, puedes reunir las herramientas necesarias para ejecutar tus planes. A continuación, pon en práctica la primera técnica que hayas escogido, siendo consciente de que quizá tengas que repetirla más de una vez a lo largo de unos días o semanas. Si esa técnica no funciona, lleva a cabo la siguiente. Puedes incluso alternar técnicas hasta que el espíritu haya abandonado el edificio.

Ten un sistema de apoyo

Ya sea un miembro de la familia, un amigo íntimo, un sacerdote o cualquier otra persona de confianza, hablar de lo que está sucediendo puede ayudar mucho a aliviar el miedo.

Algunos tipos de entidades, como los demonios y otros espíritus malignos, intentan aislarte para poder controlarte. Si tienes a alguien a quien puedas recurrir pase lo que pase, sentirás que no estás solo en esta situación y que cuentas con ayuda y apoyo.

Por ejemplo, tengo una amiga con la que puedo hablar de cualquier cosa, incluidos los fantasmas con los que me cruzo. Ella es como mi ancla para asegurarme de que pienso con claridad y no me salgo por la tangente cuando tengo la respuesta delante de mis narices.

No me canso de repetir lo importante que es tener a alguien de confianza con quien puedas hablar de cualquier cosa, sobre todo si se trata de actividad paranormal en tu casa o negocio.

Algunas personas tienen miedo de contar a los demás la actividad paranormal que se está produciendo en su casa por temor a que la gente piense que están locos o los miren con escepticismo. En primer lugar, no te estás volviendo loco. En segundo lugar, si alguien que crees que es tu amigo se comporta contigo de forma diferente o no te toma en serio cuando es obvio que estás en apuros, ¿es esa persona realmente tu amigo?

Encuentra el humor en la situación

Si el fantasma o espíritu de tu casa o negocio no está haciendo daño a nadie, busca el humor en su actividad juguetona. Piensa que un fantasma inofensivo es como un niño pequeño con mucha imaginación. Cuando te ríes, se liberan endorfinas en el cerebro que te hacen sentir mejor. Estas endorfinas pueden ayudarte a calmarte, y el miedo desaparecerá. A decir verdad, algunos fantasmas son muy divertidos y bastante encantadores. También pueden ser una fuente constante de diversión. Todo depende de cómo te tomes la situación.

Cuando me casé, mi marido y yo nos mudamos a una casa que tenía, al menos, tres fantasmas, todos ellos inofensivos. Cada vez que una amiga mía venía a casa y utilizaba el cuarto de baño, uno de los fantasmas cerraba la puerta y no la dejaba salir. La puerta no tenía cerradura, y ella era la única a la que le ocurría esto. Por supuesto, mi amiga se asustaba, y yo tenía que decirle al fantasma que la dejara salir del baño. La situación me parecía divertidísima; a mi amiga... no tanto.

Nadie resultó nunca herido, y la razón por la que el fantasma le hacía esto fue por su reacción; sabía que podía sacarla de quicio. Mis otros amigos también conocían a los fantasmas y los saludaban amistosamente cada vez que venían a visitarme. Los fantasmas, al saber que no les tenían miedo, los dejaban en paz.

¿Ves cómo puedes controlar una situación y reducir parte de la actividad paranormal si no muestras miedo? Puedes emplear estas mismas técnicas con un fantasma inofensivo y obtendrás el mismo resultado.

Meditación

El objetivo de la meditación es alcanzar un estado en el que tu mente y tu cuerpo estén relajados y concentrados. Cuando te enfrentas a un problema paranormal, la meditación puede ayudarte a relajarte, evitar el miedo y desarrollar una perspectiva positiva de la situación.

Para meditar, busca una postura que te resulte cómoda; no hay ninguna que sea correcta o incorrecta. Puedes tumbarte, sentarte o cruzar las piernas, lo que te haga sentir más cómodo. También te recomiendo que lleves ropa holgada para que tu cuerpo no se sienta limitado.

Algunas personas prefieren meditar con música tranquila, mientras que otras prefieren el silencio total para poder sintonizar con su entorno y su cuerpo. Tú eliges.

También puedes encender velas o quemar incienso para relajarte.

Busca un lugar donde no te molesten. Puede ser tu dormitorio, el jardín o un rincón tranquilo en un parque. Algunas personas queman incienso o aceite de lavanda, sándalo u otro aroma relajante para calmarse. También puedes encender una o dos velas blancas para tener algo en lo que concentrarte.

Ahora que ya está todo listo, tienes que relajarte. Empieza respirando hondo unas cuantas veces y concéntrate poco a poco en relajar cada parte del cuerpo. Yo suelo empezar por los pies e ir subiendo hasta la cabeza. Este proceso puede llevar varios intentos porque no estamos acostumbrados a sentir una relajación total, pero no te rindas.

Una vez alcanzada la relajación, respira larga y profundamente y exhala poco a poco. Hazlo varias veces, hasta que estés totalmente relajado. Entonces empieza a concentrarte en algo. Puede ser cualquier cosa, desde la música que tengas puesta hasta la llama de una vela o un ruido que oigas a lo lejos. Solo asegúrate de que lo que escojas para concentrarte sea algo constante, es decir, que no se detenga o desaparezca de repente y rompa tu concentración.

El objetivo es liberar el miedo para que, una vez que te hayas relajado y calmado, puedas volver lentamente a la normalidad y sentir que tienes el control.

Si aún no te ves capaz de meditar por tu cuenta, existen muchas meditaciones guiadas en pódcast e internet que pueden ayudarte a meditar de principio a fin.

EL MIEDO Y LAS ENTIDADES MALIGNAS

Hemos hablado mucho de fantasmas inofensivos en este capítulo, pero tenemos que abordar las entidades malignas, como demonios, espíritus negativos y fantasmas, que hacen daño a las personas.

Cuando se trata de una entidad negativa, no me canso de repetir que el miedo es el enemigo en este tipo de situaciones paranormales. Las entidades negativas se alimentan del miedo y se vuelven más fuertes y poderosas. He aquí cómo podemos manejar este tipo de situación.

Tenlo bajo control

Una de las cosas más importantes que debes recordar en lo referente a energías negativas, es que debes tener la situación bajo control, no importa lo asustado que estés. Mostrar cualquier tipo de debilidad, especialmente miedo, a los demonios u otras formas de entidades malignas, hará que se aprovechen de ella y la utilicen en tu contra. En algunos casos, aumentarán su actividad para mantenerte en un estado constante de miedo y así doblegarte y controlarte. Utiliza las técnicas de control que acabamos de ver en este capítulo.

Tratar con una entidad negativa, como un demonio u otro tipo de inhumano, es la forma más elevada de guerra espiritual que existe. No solo vas a tener que ser muy proactivo, sino también mantener a raya tu miedo.

Está bien que tengamos miedo de este tipo de entidades (cualquiera lo tendría), pero no se lo muestres a la entidad.

Utiliza las técnicas expuestas anteriormente para tenerlo todo bajo control.

Elimina el cebo

Piensa en una entidad negativa como si fuera un cazador en busca de su presa. Un cazador al acecho irá a por el miembro más débil de la manada; en este caso, la manada es tu familia.

Si tienes hijos que están siendo aterrorizados por una entidad malévola, sácalos de casa y envíalos con amigos o familiares hasta que resuelvas la situación.

Lo mismo se aplica a tus mascotas si se les está haciendo daño físicamente o son amenazadas por la entidad. Sácalas de ese entorno. En otras palabras, retira el cebo.

En algunos casos, aunque es muy raro, esto podría ser suficiente para conseguir que la entidad negativa se vaya por sí sola, pues ya no habría un objetivo fácil en la casa. Sin embargo, esto solo ocurre si los adultos presentes son fuertes, no muestran miedo y tienen la situación bajo control. Pero ni siquiera así puede garantizarse nada, por lo que estate preparado para vivir esta situación a largo plazo.

Busca ayuda

Cuando se trata de entidades negativas, no estás lidiando con un fantasma o espíritu normal y corriente; estás en guerra, y vas a necesitar un ejército, aunque sea un ejército formado por una sola persona.

Busca inmediatamente la ayuda de un sacerdote o de un investigador de lo paranormal para que te ayude con el problema. Si la primera vez no encuentras a nadie que te ayude, sigue intentándolo hasta que lo consigas. No hay manera de que puedas manejar este tipo de entidades por ti mismo, ni me gustaría que lo hicieras.

Sin embargo, es importante que entiendas que vas a tener que participar en la guerra contra este tipo de entidad. Los demás pueden ayudarte, pero no pueden hacerlo todo por ti.

Prepárate para recuperar tu casa, tu vida y tu familia. Nadie puede hacer esto por ti. Pueden estar contigo, pueden decirte cómo hacerlo e, incluso, pueden participar en el destierro de estas entidades, pero tú eres la clave del éxito.

La historia, el folclore y muchas religiones nos han proporcionado formas de protegernos contra entidades invisibles que invaden el mundo de los vivos; todo lo que tenemos que hacer es encontrar aquella con la que nos sintamos más cómodos y ponerla en práctica. Lo más importante de cualquier método de protección contra las fuerzas paranormales es creer al cien por cien en lo que se está haciendo.

Romero, salvia y sal marina

Una de las mejores maneras de empezar a librarse de un fantasma es limpiarse de cualquier energía negativa que tengas adherida. La energía negativa se puede encontrar alrededor, desde los compañeros de trabajo hasta la gente que te encuentras por la calle. La energía siempre atrae energía similar, así que para estar seguro, lo mejor es que te limpies de cualquier energía negativa que pueda estar adherida a ti y purificarte.

El romero, la salvia y la sal marina se suelen utilizar para disipar la energía negativa y limpiar elementos como cristales, objetos religiosos y personas.

Para utilizar este método, necesitarás romero y salvia frescos. Consigue también una caja de sal marina gruesa en el supermercado. Ten a mano un bote limpio con tapa, o un recipiente de plástico con tapa, para guardar la mezcla cuando la tengas.

Retira las hojas de la salvia y el romero y pícalas finamente. Puedes utilizar un procesador de alimentos si quieres unos trozos más pequeños de hierbas frescas.

Mezcla el romero y la salvia picados con la sal marina y ponlo en el recipiente que vayas a utilizar para guardarlo.

Una vez hecho esto, utiliza media taza de esta mezcla para frotarte el cuerpo en la ducha o el baño.

Si decides utilizar esta mezcla, es importante que continúes utilizándola inmediatamente después de limpiar tu casa y una vez a la semana durante un par de meses. Si se te acaba la mezcla original, siempre puedes hacer más. Esto evitará que las energías negativas, incluidos los fantasmas o espíritus negativos, vuelvan a adherirse a ti.

También puedes poner esta mezcla en un cuenco con agua caliente (para derretir la sal marina) y luego lavar objetos religiosos como cruces. También puedes remojar en esta mezcla, durante toda la noche, cualquier cristal o amuleto que tengas y que podría dañarse con el agua, para limpiarlo de cualquier energía negativa.

Luz blanca divina

No importa cuáles sean tus creencias religiosas, no hay nada más poderoso para protegerte que pedirle a cualquier ser y/o seres divinos en los que creas que te envíen luz blanca para protegerte y envolverte.

Tú también tienes el poder de rodearte de luz blanca. Para ello, cierra los ojos, respira profundamente un par de veces y relájate todo lo posible. A continuación, imagina que una luz blanca baja del cielo y te envuelve en ella, como si estuvieras dentro de una burbuja.

Si lo deseas, puedes rezar una oración a Dios, o a cualquier otro poder en el que creas, mientras invocas a la luz blanca para que te proteja, e incluir en tu oración una o dos líneas de protección contra cualquier espíritu o entidad negativa.

La oración que yo utilizo es: «Mi querido Dios y Diosa, invoco tu amor y gracia, y te pido que me envuelvas con tu divina luz blanca de protección para que pueda enfrentarme a los seres que no pertenecen a este plano terrenal. Te pido que permanezcas cerca de mí mientras me enfrento a estas entidades y me guíes con tu sabiduría. Por favor, permite que tu luz blanca de protección permanezca fuerte y me proteja a lo largo de esta difícil tarea que tengo por delante. Gracias, mi querido Dios y Diosa. Amén».

Siéntete libre de utilizar esta oración tal como está escrita o de adaptarla según tus propias creencias. Mientras rezas tu oración pidiendo la protección de la luz blanca divina, recuerda que es importante que visualices la luz descendiendo del universo y envolviéndote con ella.

Tu mente

Lo creas o no, tu mente es una de las armas más poderosas que tienes en tu arsenal contra fantasmas y espíritus, y puedes utilizarla para protegerte antes de intentar deshacerte del fantasma en tu casa o lugar de trabajo.

Hemos sido programados por las películas, los libros y el entorno para tener miedo de los fantasmas y espíritus. Es cierto que tener una experiencia paranormal puede ser alarmante, pero hay que pararse a pensar si realmente te están haciendo daño de alguna manera, aparte de sentir miedo.

La forma más eficaz de protegerse contra fantasmas y espíritus es superar el miedo que les tenemos. La mayoría de las veces los fantasmas no pretenden asustarnos. Aunque no puedas controlar lo que hace el fantasma, sí puedes controlar cómo reaccionas.

Hay algunos fantasmas, espíritus y otros tipos de entes (como los *poltergeist*, los seres demoníacos, los vengadores y cualquier otro tipo de fantasma negativo) que, en realidad, se alimentan de tu miedo. Esto se debe a que el miedo es una emoción negativa y provoca que tu cuerpo irradie energía negativa. Cuando esto sucede, la entidad se vuelve más poderosa.

Si superas tu miedo al fantasma o espíritu que hay en tu casa, te estarás preparando para hacer frente a la situación de una manera tranquila y racional, y no permitirás que la entidad se haga más fuerte y poderosa. Esto por sí solo puede ser suficiente para protegerte de la mayoría de las entidades y librarte de ellas.

Para saber cómo puedes combatir el miedo por medio de tu mente, consulta las primeras secciones de este capítulo.

Oración al arcángel Miguel

Si eres una persona religiosa, el arcángel Miguel puede proporcionarte una gran protección contra fantasmas y espíritus en tu hogar, sobre todo si crees que estos espíritus pueden ser de naturaleza maligna.

El arcángel Miguel suele representarse como un ángel gigantesco que empuña una poderosa espada con la que mata a un demonio. Su nombre significa «el que es como Dios», y es uno de los ángeles más poderosos. El principal objetivo del arcángel Miguel es liberar a la Tierra de las energías negativas y del miedo.

Recita la siguiente oración (conocida como la «Oración a San Miguel») al arcángel Miguel siempre que lo necesites, pero, especialmente, antes y/o durante el proceso de purificación de tu hogar:

San Miguel Arcángel,
defiéndenos en la batalla.
Sé nuestra protección contra la maldad
y las trampas del demonio.
Que Dios lo reprenda,
te lo pedimos humildemente;

y tú, oh Príncipe de las Huestes Celestiales,
por el divino poder de Dios,
arroja al infierno a Satanás
y a todos los espíritus malignos,
que vagan por el mundo
buscando la ruina de las almas. Amén.

AMULETOS

No importa cuáles sean tus creencias; cada religión tiene sus símbolos para representar a sus dioses, diosas, ángeles, etc. Estos símbolos pueden desempeñar un papel importante a la hora de protegerte en tu intento de liberar tu hogar de fantasmas o espíritus.

La clave para usar amuletos espirituales, como con cualquier otra cosa, es que primero creas, con cada célula de tu ser, que tienen el poder de protegerte. Debes estar cien por cien seguro de que cualquier poder divino en el que creas es capaz de poner su energía en el amuleto que has escogido para protegerte.

Antes de utilizar cualquier amuleto para protegerte, siempre es una buena idea que reces una oración o recites un canto, y que pidas a cualquier poder divino en el que creas que dé poder a tu amuleto para protegerte antes, durante y después de que intentes librarte del fantasma en tu casa o lugar de trabajo. Asegúrate de llevar puesto o sujetar el amuleto que hayas escogido antes de rezar la oración.

La oración que yo utilizo es: «Mi querido Dios y Diosa, te pido que infundas tu protección, amor y sabiduría en este amuleto que sujeto. Por favor, haz que el poder que pusiste en este amuleto me proteja y me guíe cada vez que lo lleve puesto o lo tenga en mi poder. Amén».

Si no eres religioso, podrías llevar un amuleto de hematites. Algunas corrientes folclóricas y ocultistas creen que la hematites tiene la capacidad de absorber la energía negativa. Dado que los fantasmas se componen de energía, la hematites podría debilitar a un fantasma o espíritu negativo hasta el punto de que pueda oponer poca resistencia a tus esfuerzos por deshacerte de él. Ten en cuenta que la hematites solo funciona con la energía negativa, no con la positiva, así que si el fantasma o espíritu de tu casa es un espíritu «bueno», la hematites no sería tan efectiva.

Si tienes que ir a una tienda a comprar un amuleto, hay una forma de saber si ese en concreto (ya sea una cruz, un rosario, un pentagrama o similar) es el adecuado para ti. Pídele al vendedor que los coloque sobre una superficie plana, como un mostrador, y luego pon la mano, con la palma hacia abajo, a unos dos centímetros del mostrador. Mueve lentamente la mano por encima de los amuletos. El amuleto adecuado para ti saltará a tu mano, no literalmente, pero sentirás que es el adecuado en cuanto tu mano pase sobre él.

Otra forma de saber cuál es el amuleto más adecuado en tu caso, es dejar que tus ojos vaguen por los amuletos, sin centrarte en ninguno en concreto. No pienses en cuál es el adecuado, simplemente déjate llevar por las sensaciones. Al cabo de unos segundos, tus ojos se sentirán atraídos por uno en concreto, ¡y sabrás que ese es el perfecto para ti!

Ahora que ya tienes el amuleto que te corresponde, es importante que lo limpies bien para deshacerte de la energía de cualquier persona que pueda estar adherida a él. Para ello, pon el amuleto en remojo en un recipiente con agua tibia y sal marina durante toda la noche. También puedes utilizar la receta de romero, salvia y sal marina mencionada anteriormente. A la mañana siguiente, enjuaga el amuleto con agua limpia y tibia y sécalo con una toalla suave y limpia. A continuación, colócalo bajo la luz de la luna o del sol durante toda una noche o todo un día, respectivamente, para recargar el amuleto con la energía del universo.

Una vez que hayas dado este paso, sujeta el amuleto y concéntrate en lo que quieres que haga por ti; en este caso, protegerte de fantasmas y espíritus. Cuando hayas hecho esto, el amuleto estará listo para que lo utilices como se ha descrito en esta sección.

Algunos de los amuletos más utilizados son los siguientes:

Anj

Un *anj* es una cruz egipcia que suele llevarse como un colgante al cuello, aunque también puede colgarse en la pared o en la puerta. El *anj* es símbolo de vida eterna y resulta muy poderoso para impedir que los malos espíritus entren en tu casa o negocio. Solo tienes que limpiar el *anj* después de comprarlo, como ya se ha explicado, sujetar el amuleto y poner tu intención en él, para finalmente cargarlo a la luz del sol o de la luna, lo que prefieras.

Pentagrama

Para muchas personas, un pentagrama representa el mal o a Satanás. En algunos círculos eso debe de ser cierto; sin embargo, un pentagrama es realmente un símbolo de la magia o la Wicca. Cada intersección representa algo: tierra, viento, agua, fuego y espíritu.

Se cree que el mal se mantendrá alejado porque los elementos representados por los puntos del pentagrama son más poderosos.

Personalmente, utilizo un rosario para protegerme. Aunque no soy católica, creo en Dios, la Diosa y Jesús, así que el rosario me sirve. Esto no significa que tú tengas que salir corriendo a comprar un rosario. Debes usar el amuleto que tenga más significado para ti, ya que será el más eficaz a la hora de protegerte.

Una vez más, limpia el pentagrama después de comprarlo. Como se ha explicado antes, sujeta el amuleto y pon en él toda tu intención, para acabar cargándolo a la luz del sol o de la luna, como prefieras.

Cruz

La cruz es uno de los amuletos más poderosos, utilizado por culturas y religiones de todo el mundo, y el más empleado para la protección.

Puedes llevar tu cruz a un sacerdote o reverendo y pedirle que la bendiga, o puedes utilizar el método descrito anteriormente para limpiar y cargar tu cruz con energía positiva. En cualquier caso, el resultado será el mismo;

solo tienes que utilizar el método con el que te sientas más cómodo.

Cuando utilices la cruz o cualquier amuleto para protegerte contra fantasmas, espíritus u otro tipo de entidades, no olvides llevarla puesta o tenerla en la mano o en el bolsillo. Lo más importante es que esté en algún lugar de tu cuerpo.

CRISTALES

Los cristales se han utilizado durante miles de años para proteger a las personas de los fantasmas y para la sanación, entre otras muchas cosas. Se cree incluso que algunos cristales están supercargados de protección contra fantasmas, espíritus y entidades negativas.

Como cualquier otro amuleto, los cristales deben limpiarse, llenarse con tu intención y cargarse para que funcionen correctamente.

Algunos de los cristales más habituales en la protección contra los fantasmas son los siguientes:

Amatista

Se cree que la amatista aleja la energía negativa. Si crees que la entidad que hay en tu casa es un ser negativo, debes colocar una amatista en cada habitación donde haya actividad paranormal. También podrías comprar un collar de amatista y llevarlo encima como protección.

Además, es una poderosa piedra curativa, por lo que si colocas una debajo de la almohada por la noche, puede ayudarte a que no tengas pesadillas.

Ojo de tigre

Este poderoso cristal ayuda a protegerse de los fantasmas no deseados. Suele ser de color marrón con unas rayas más claras cuando está pulido.

El ojo de tigre es una piedra de equilibrio, y si mantienes un ojo de tigre contigo, puede ayudarte con la vesícula biliar y los problemas digestivos. Si lo guardas en tu lugar de trabajo, puede atraer la prosperidad.

Citrino

Este cristal se utiliza como protección y para eliminar las energías negativas. Tiene un precioso color dorado cuando está pulido.

Si llevas citrino contigo, puede ayudarte con la digestión, las fobias y la depresión. También es un cristal para la prosperidad.

Howlita

La howlita es un cristal de color blanco o gris que, cuando está pulido, presenta un jaspeado negro. Si crees que estás embrujado, este es uno de los cristales más poderosos que puedes utilizar para protegerte de los fantasmas que acechan tu casa o lugar de trabajo.

La howlita se suele colocar en las habitaciones de los niños que tienen miedo a la oscuridad para ayudarlos a superarlo, y se puede utilizar en el trabajo para favorecer la comunicación y reducir los enfrentamientos.

Cianita

Este cristal puede ser una de las armas más poderosas de su arsenal contra las entidades negativas. No solo repele la energía negativa, sino que literalmente la destruye.

La cianita también puede utilizarse para disfrutar de una buena salud, y en el trabajo puede ayudarte a alcanzar todo tu potencial. Si la colocas junto a la jaula o el cajón de tu mascota, ayudará a que esté sana y duerma profundamente. Eso sí, ¡asegúrate de colocarla de modo que tu mascota no se lo pueda tragar!

USAR UN AMULETO ESPECIAL PARA PROTEGER A LOS NIÑOS DE LOS FANTASMAS

Los niños son seres inocentes por naturaleza, y la sociedad, la televisión, las películas y los padres aún no les han enseñado a tener miedo a los fantasmas o a creer que tales cosas no existen. Esto los hace muy susceptibles a las visitas de tales entidades.

Una de las maneras más fáciles de proteger a tu hijo de un fantasma, espíritu u otro tipo de entidad negativa es ayudarlo a hacer ángeles.

Para ello necesitarás cartulina o tela, pegamento, un rotulador o bolígrafo mágico y cualquier otro adorno que quieras poner en los ángeles, como lentejuelas o purpurina. Recorta todas las piezas de tus ángeles; vas a hacer cuatro ángeles en total. Necesitarás las cabezas, los cuerpos, las alas y los halos. Mientras ayudas a tu hijo a montar y decorar sus ángeles, habla con él de todas las formas en que Dios, o cualquier otro poder divino en el que creas, trabaja para proteger a los niños. No se trata de magia, sino de infundir energía divina a los ángeles para que protejan a tu hijo. Si quieres, puedes ponerles unos toques de agua bendita, aceite de oliva o sal marina.

Una vez que hayáis terminado los ángeles, ayuda a tu hijo a colgar uno en la cabecera de la cama, otro a los pies de ella, otro por fuera de la puerta de su habitación y otro por fuera de la puerta del armario. Siéntete libre de hacer tantos ángeles como desees, que puedes colgar también en el interior de las puertas del armario y del dormitorio. El objetivo de este ejercicio no es solo que tu hijo se sienta seguro, sino también que lo mantengas a salvo de entidades negativas.

Personalmente he utilizado esta técnica con mis nietos con buenos resultados, y se la he recomendado a amigos cuyos hijos eran molestados por espíritus por la noche.

CAPÍTULO SEIS
CÓMO LIBRARSE DE LOS FANTASMAS

A lo largo de la historia y en todas las culturas, personas de todo el mundo han concebido distintos métodos para tratar con fantasmas y espíritus no deseados. Los modernos investigadores de lo paranormal y los propietarios de viviendas pueden emplear varios métodos para que las casas u otros lugares estén libres de fantasmas.

Si el fantasma o espíritu que hay en tu casa es muy violento o maligno, deberías buscar la ayuda de un sacerdote o de un investigador de lo paranormal inmediatamente. No intentes librarte de este tipo de espíritu sin ayuda profesional. En el capítulo 7 trataré en detalle esta cuestión.

Hay diferentes maneras de librarse de un fantasma o espíritu no deseado. Ninguno de estos métodos está garantizado que funcione el cien por cien, pero puede hacerlo en muchos casos. No tienes que probarlos todos (eso sería una exageración), pero puedes emplear primero el método con el que te sientas más cómodo y, si no funciona, probar con otro.

Lo más importante que debes recordar es que si no crees totalmente en lo que estás haciendo, no te funcionará. Debes tener confianza en ti mismo y en tu capacidad para hacer que el fantasma se vaya. Si intentas alguno de estos métodos cuando estás enfadado, molesto o asustado, no funcionarán. Tienes que estar tranquilo y ser asertivo cuando lidies con un fantasma. Asertivo no significa que le grites al fantasma; eso sería contraproducente. Significa que actúas y hablas con firmeza y convicción. Así pues, empecemos.

HABLAR CON EL FANTASMA

Por simple que parezca, hablarle en voz alta a un fantasma es una de las formas más eficaces de expulsarlo.

En algunos casos, los fantasmas no saben que están muertos. Cuando una persona no se da cuenta de que está muerta, puede sentirse confundida y frustrada, haciéndolo actuar de diversas maneras. Imagina cómo te sentirías tú si no supieras que has muerto y, de repente, todas tus posesiones desaparecieran y unos extraños vivieran en tu casa.

Puedes intentar explicarle con delicadeza al fantasma que ha muerto y que tiene que irse hacia la luz. O puedes preguntarle si necesita ayuda con algo o si tiene un mensaje que necesita entregar a un ser querido.

Si no te crees tan valiente, cosa comprensible, puedes explicarle al fantasma que esta es ahora tu casa y que tiene que irse. Recuerda, sé firme. Cualquier emoción negativa como la ira, el miedo o la hostilidad puede hacer que algunos fantasmas se vuelvan más poderosos, así que asegúrate de estar en un estado de calma cuando hables con él.

Si has notado que la actividad paranormal provocada por el fantasma suele ocurrir en cierta habitación de la casa, o en momentos concretos del día o de la noche, entonces debes dirigirte al fantasma en esa habitación o en ese momento del día. Así aumentarán las probabilidades de que él esté presente y pueda oír lo que dices.

Por ejemplo, podrías decir algo como: «Sé que estás aquí y puede que no sepas que estás muerto y necesitas ir hacia la luz. Siento que hayas muerto, pero ahora esta es nuestra casa y la cuidaremos tan bien como tú cuando estabas vivo. Ya es hora de que te marches. Ve hacia la luz y encontrarás paz y felicidad y estarás con tus seres queridos».

Si te sientes valiente o compasivo con el fantasma, puedes decirle: «Sé que estás aquí y me gustaría ayudarte. ¿Tienes algún asunto pendiente o mensaje que quieras que le entregue a alguno de tus seres queridos antes de irte hacia la luz? Si es así, transmítemelo de alguna manera, por favor, y haré todo lo posible para ayudarte a encontrar la paz, con la condición de que te marches una vez que se haya cumplido tu propósito».

Si decides ofrecerte a ayudar al fantasma y preguntarle qué es lo que quiere, el fantasma podría responder de varias maneras.

Una de las formas más habituales de que un fantasma te responda es a través de la telepatía, así que aclara tu mente antes de preguntar si puedes ayudar al fantasma. Esto permitirá que este te transmita su mensaje telepáticamente.

Presta atención a cualquier pensamiento que te venga a la cabeza después de ofrecerte a ayudarlo, y si no los reconoces como propios, podría ser el fantasma diciéndote lo que quiere o necesita.

Otra forma que podría escoger el fantasma para comunicarse contigo es hablarte directamente, por lo que deberías encender una grabadora para captar cualquier psicofonía. Dile al fantasma que puede hablar contigo a través de la grabadora y que el aparato no le hará ningún daño. Puedes hacerle al fantasma preguntas que pueden ayudarte a identificar quién es tu visitante espectral, como «¿Cómo te llamas?» o «¿Necesitas ayuda con algo?».

En algunos casos, aunque son muy poco habituales, el fantasma intentará guiarte a algún lugar concreto de la casa, donde podría haber escondido algo que valora y que querría devolverle a un ser querido. Un fantasma puede hacer esto «guiándote» de alguna manera. Podría encender una serie de luces para indicar que quiere que lo sigas; hacer que algo de la habitación en la que estás o en otra habitación se mueva o se caiga, o hacer un ruido para indicarte que mires en una determinada zona.

He trabajado en casos en los que las personas tenían un fantasma amistoso y no querían que se fuera, pero querían establecer algunas reglas básicas y límites para que los vivos y los muertos de la casa pudieran cohabitar pacíficamente.

Si no te importa que el fantasma esté en tu mismo espacio, pero quieres que siga unas normas concretas, háblale en voz alta y dile algo como: «No nos importa que estés aquí, pero hay algunas normas que nos gustaría que siguieras». A continuación, enumera las normas que deseas que cumpla el fantasma, como por ejemplo: «Por favor, no enciendas ni apagues las luces. Por favor, no molestes a los niños. Por favor, no abras ni cierres los grifos. Por favor, no camines por el pasillo de noche porque asustas a los niños».

Si vas a invitar al fantasma a quedarse, es importante que sepas con certeza que estás tratando con un fantasma amistoso y no con otro tipo de entidad, como una negativa, que solo intenta ganarse tu confianza. Invitar a un fantasma a quedarse puede ser arriesgado. No es algo que le sirva a todo el mundo, así que no te sientas mal si prefieres que el fantasma se vaya en lugar de que se quede.

La mayoría de las veces, los fantasmas pertenecen al otro lado y no al mundo de los vivos. Serán mucho más felices y estarán en paz en el otro lado, aunque aún no lo sepan. Algunas personas creen que es cruel no permitir que un fantasma vaya hacia la luz y cruce al otro lado. Muchas de estas personas sienten que, en cierto modo, el fantasma está siendo encarcelado y no se le permite salir. La decisión de que un fantasma se vaya o se quede depende de ti y, en algunos casos, del fantasma. Sin embargo, ten en cuenta que invitar abiertamente a un fantasma o espíritu a quedarse puede provocar que él invite a alguno de sus amigos, que quizá no sean tan agradables.

ESCRITURA AUTOMÁTICA

Si decides ayudar al fantasma, puedes probar con la escritura automática para comunicarte con él. Para ello necesitarás un bloc de papel y un bolígrafo o un lápiz.

Después de preguntarle verbalmente al fantasma si necesita algún tipo de ayuda, sujeta el bolígrafo sobre el papel y despeja la mente. Dile al fantasma que puede utilizar tu mano para escribir lo que quiera.

La mayoría de las personas cierran los ojos cuando practican la escritura automática, pero eso depende de ti. Hay quienes dicen sentirse muy relajados cuando emplean este método, como si estuvieran en ese estado entre la vigilia y el sueño, mientras que otros no sienten nada extraordinario, pero aun así les funciona.

En algunos casos, empezarás a escribir sin pensar conscientemente en lo que estás anotando. Una vez que el bolígrafo deje de moverse, mira lo que has escrito.

La escritura automática no funciona con todo el mundo y, en algunos casos, el fantasma no entiende lo que se le pide o no es capaz de hacerlo, así que no te desanimes si no te funciona la primera vez; siempre puedes volver a intentarlo.

No te sientas obligado a probar la escritura automática; no le sirve a todo el mundo, y es comprensible que temas darle a un fantasma el control de la situación. Sin embargo, recuerda que el fantasma no te está poseyendo de ninguna manera durante la escritura; simplemente está guiando tu mano para escribir el mensaje que quiere que recibas.

Como con cualquier otro método para librarse de los fantasmas, puede que no funcione la primera vez y tengas que repetirlo varias veces. Si después de hacerlo cinco o seis veces no obtienes resultados, puedes probar cualquier otro método.

El propósito de la escritura automática es abrir una línea de comunicación entre el fantasma y tú. Cuando sepas por qué está él en tu casa, podrás concebir la mejor manera de convencerlo para que se vaya. También es un buen momento para establecer las reglas básicas, como que no entre en las habitaciones de los niños.

UTILIZA UN PÉNDULO

Una buena forma de comunicarse con los espíritus es utilizando un péndulo. Puedes hacer tu propio péndulo con un collar que tenga una cadena y un colgante pesado, o simplemente con una cuerda y algo pesado atado en ella.

Deja que el amuleto del extremo de la cadena cuelgue recto y pon el otro extremo sobre tu dedo, asegurándote de que la cadena está totalmente quieta. Luego dile al fantasma o espíritu que si hace oscilar el péndulo de lado a lado, esa será una respuesta «sí», mientras que si hace que el péndulo se mueva en círculos, será un «no».

Empieza a hacer preguntas de sí o no, como «¿Hay alguien aquí?» o «¿Eres un hombre?». Si el fantasma responde que no a la segunda pregunta, entonces tienes un fantasma o espíritu femenino en tu presencia.

También puedes preguntar al fantasma cosas como si está atrapado, si había sido el dueño de la vivienda o si necesita ayuda.

Aunque personalmente no suelo utilizar ninguna herramienta para comunicarme con los espíritus, he utilizado el péndulo cuando el equipo estaba grabando en vídeo el encuentro para poder probar la interacción entre los vivos y los muertos.

El uso del péndulo te ayudará a comprender quién es el fantasma y qué es lo que quiere. También te permitirá saber si necesitas encontrar a alguien que le ayude a cruzar al otro lado.

BENDECIR Y/O LIMPIAR LA CASA

Las bendiciones de la casa y las limpiezas espirituales son muy habituales, tanto si hay un fantasma presente como si no. Si perteneces a una iglesia, puedes pedirle a un sacerdote que vaya a tu casa y la bendiga. Suele consistir en que este camine por tu casa rezando y pidiendo la protección de Dios.

Si no te sientes cómodo pidiéndole a un sacerdote que vaya a tu casa a hacer una bendición, puedes hacerlo tú mismo leyendo varios pasajes de la Biblia. Escoge aquellos que signifiquen algo para ti y así hacerlo más personal. Yo utilizo una oración concreta para limpiar una casa o un negocio y alejar los malos espíritus. Mientras rezo esta oración, utilizo agua bendita o aceite de oliva para hacer la señal de la cruz en todos los marcos de las puertas y ventanas, incluidas las puertas de los armarios.

También puedes emplear esta oración mientras limpias tu casa o utilizas alguno de los otros métodos mencionados en este capítulo.

A continuación, te muestro la oración que yo utilizo. Siéntete libre de usarla así o de modificarla para hacerla tan personal como creas conveniente.

Oración de limpieza

Padre nuestro, te envío esta oración porque hay energía negativa en esta casa. Por favor, Dios, quiero que comience una guerra en esta casa contra toda energía negativa presente, incluyendo cualquier demonio.

Dios, por favor, destruye toda conexión de la entidad negativa con este lugar y evita que regresen poniendo una barrera de tu poder divino entre ellos y quienes habitan en esta casa.

Nuestro Señor, por favor, limpia esta tierra y conságrala con tu poder divino, amor y protección.

Padre nuestro, deja sin poder a cualquier energía o entidad negativa en este hogar o en esta tierra, quítales todo su poder, y haz que tus ángeles escolten cualquier energía negativa o entidad maligna fuera de este plano terrenal para ser tratada de acuerdo con tus deseos. Por favor, Dios, ten este hogar bajo tu control por cualquier medio necesario y protege a la familia y a todos los que entren de las fuerzas negativas que vagan por este planeta.

En el nombre de Jesucristo, yo ordeno a cada espíritu negativo que habita dentro de estas paredes o en esta tierra que se marche inmediatamente. Recupero esta casa en tu nombre, y ningún espíritu maligno o negativo podrá entrar en este espacio nunca más.

Padre nuestro, te pido que esta casa se llene de tu divina presencia para que todos los que entren en ella o vivan en ella sean bendecidos con tu amor divino.

Amén.

Algunas personas podrían cuestionar el uso de aceite de oliva en lugar de agua bendita, pero lo cierto es que el aceite de oliva es igual de eficaz. Se utiliza desde hace miles de años como señal de la bendición de Dios. Además, la Biblia menciona el aceite de oliva como protección y guía, derramándolo sobre la cabeza. En tiempos más recientes, muchos predicadores lo han utilizado para ahuyentar a los malos espíritus.

Si decides utilizar aceite de oliva, tendrás que bendecirlo antes. Esto es bastante fácil, y puedes hacerlo tú mismo. Simplemente pon un poco de aceite en una botella con tapón. Sujeta la botella con tus manos y reza una oración. Puedes improvisar el contenido de tu invocación, o utilizar el texto de la siguiente oración, sugerida por John Mark Ministries: «Dios santísimo, bendice este aceite y que sea para nosotros el dulce sabor de Cristo. Que nos fortalezca, nos consagre y nos preserve para que resistamos el contagio de los pecados del mundo, y que nos llene de gracia para que seamos tus queridos discípulos y fieles testigos ahora y siempre».

A continuación, tapa la botella y guárdala en un lugar seguro hasta que vayas a utilizarla.

También puedes bendecir tu casa utilizando incienso, velas, cristales y cosas similares. Veremos todos estos métodos en este capítulo. Simplemente escoge el método con el que te sientas más cómodo y ponlo en práctica. Tan solo recuerda que puede que tengas que repetir el proceso más de una vez para librarte del fantasma.

Si no te sientes cómodo pidiéndole a un sacerdote que venga a bendecir tu casa, puedes tomar un pequeño objeto de cada habitación y pedirle que los bendiga. Una vez bendecidos, devuélvelos al lugar donde pertenecen.

Según muchas personas, esto funciona con la misma eficacia que bendecir toda la casa. Aunque no he probado personalmente esta técnica, no veo por qué no podría funcionar.

Purifica tu casa con un sahumerio

La técnica del sahumerio ha sido utilizada por los nativos americanos durante siglos para liberar un lugar de fantasmas no deseados. Consiste en quemar salvia seca y hierba dulce, u otras hierbas secas, en todas las habitaciones de la casa. A continuación, te explico cómo puedes hacerlo.

Puedes comprar atadillos de sahumerio en tiendas de la Nueva Era o en internet. Aunque no son muy caros, puedes usar un atadillo más de una vez. Si no puedes encontrarlo en este formato, puedes utilizar salvia seca, que también funcionará.

Si utilizas hierbas secas sueltas, tendrás que ponerlas en un recipiente ignífugo antes de encenderlas. Si utilizas un bastoncillo, simplemente enciende un extremo y, una vez que haya una buena llama, apágalo. Puedes seguir el mismo proceso para las hierbas secas sueltas: enciéndelas y apaga la llama, de modo que solo quede humo.

Si no encuentras un atadillo o hierbas secas, puedes utilizar incienso. Intenta encontrar incienso de salvia, pero si no es el caso, utiliza aromas como lavanda, rosa o vainilla. Enciende el incienso y apaga la llama para que salga humo. Continúa con los pasos siguientes.

Ahora tienes que pensar en lo que quieres decir mientras haces el sahumerio. Puedes recitar una oración o decir algo como: «Toda la energía negativa y los espíritus deben salir de esta casa ahora mismo. No se os quiere aquí. Este es nuestro hogar y vosotros no pertenecéis aquí». Repite una y otra vez lo que hayas escogido.

Antes de encender las hierbas o el incienso, asegúrate de que tienes acceso a todas las habitaciones de la casa, incluidos el desván y el sótano. Abre una ventana de la habitación que esté al oeste. Esta será la última habitación.

Empezando por el desván, toma la varita y camina por el lugar con mucho cuidado para que el humo entre en cada rincón y grieta. Si es necesario, utiliza la mano para avivar el humo hacia donde necesites.

Desde el desván, baja al sótano de la casa y repite el proceso. Después de haber purificado con un sahumerio el desván, haz lo mismo en la segunda planta, si la tienes, o en la planta principal de la casa.

Comienza en la habitación más alejada de aquella que tenga la ventana abierta. En cada habitación, empieza por el punto más distante de la puerta y avanza de regreso hacia ella, repitiendo lo que quieres decir y llevando el humo a todos los rincones.

Una vez que entres en la habitación con la ventana abierta, debes empezar en la puerta y avanzar en zigzag por toda la habitación, hasta que la ventana abierta sea el último lugar donde tengas que hacerlo.

Cuando hayas llegado a la ventana abierta, purifica con el humo cerca de la ventana, di tu frase una vez más y luego cierra la ventana.

La razón por la que purificamos con humo de esta manera es porque a los fantasmas les gusta esconderse en muchos lugares, pero especialmente en desvanes y sótanos. Por eso, al limpiar primero esas zonas, les quitamos sus escondites.

Tener una ventana abierta es una forma muy sencilla de que los fantasmas o espíritus negativos salgan de tu casa. El proceso de purificación con humo permite conducir al fantasma o espíritu que hay en la habitación hasta la ventana, para que no tenga otra opción que salir por ella.

Es posible que tengas que repetir el proceso del sahumerio más de una vez con el fin de librarte de la energía negativa y/o los fantasmas de tu casa.

Agua bendita

Contrariamente a la creencia popular, el agua bendita no está destinada solo a los católicos. Cualquiera que desee usarla para librarse de los fantasmas puede ir a una iglesia católica con un recipiente limpio y llenarlo de agua bendita. Si no te sientes cómodo haciendo esto, puedes utilizar aceite de oliva, que tendrá básicamente el mismo efecto.

La Iglesia católica ha utilizado el agua bendita durante siglos en muchos de sus rituales, incluidas las bendiciones de casas y los exorcismos. Si no deseas emplear agua bendita para acabar con tu problema de los fantasmas, puedes pedir que un sacerdote vaya a tu casa y haga una bendición.

Antes de empezar a usar el agua bendita, escoge lo que vas a decir. Puedes recitar una oración, un versículo de la

Biblia o simplemente decirle al fantasma que se vaya en nombre de Dios o de cualquier otro poder supremo en el que creas.

Para utilizar el agua bendita en tu propia casa, empieza por un extremo de ella y ve avanzando, habitación por habitación, hasta llegar al otro extremo, de la misma manera que lo harías para purificarla con un sahumerio. (Véase la sección «Purifica tu casa con un sahumerio»). Recuerda que siempre debes dejar una salida a los fantasmas.

Puedes rociar agua bendita en todas las habitaciones y luego ponerte un poco en el dedo y hacer la señal de la cruz en la ventana, el alféizar y los marcos de las puertas de cada habitación. No te olvides del desván y del sótano.

Cuando llegues a la última habitación, empieza por la parte delantera y dirígete hacia una ventana o puerta del otro lado de la habitación. Aplica agua bendita a la ventana o puerta restante en último lugar, para que cualquier fantasma que quiera irse tenga una salida.

Velas

Una de las formas más sencillas de librarse de un fantasma es encender cada día una vela en las diferentes habitaciones de la casa, hasta que el fantasma se haya ido o hasta que veas que necesitas una forma más radical de tratar con la entidad.

Necesitarás una vela blanca virgen para cada habitación de tu casa, excluyendo el desván (si lo tienes) o un sótano de poca altura. La intención es que te deshagas del fantasma, no quemar la casa. Una vela virgen es una vela que nunca se ha encendido. No deberías reutilizar ninguna vela porque, según algunas doctrinas, cuando una vela ha sido encendida, la energía de esta podría estar contaminada, así que asegúrate de tirar la vela cuando la hayas usado y utiliza una nueva y sin encender para la siguiente vez. Puedes utilizar cualquier tipo de vela blanca, desde candelitas hasta cirios.

Las velas, como cualquier otro objeto poroso, suelen absorber la energía que las rodea, por lo que si cerca de una vela hay energía negativa, esta se incorporará a ella cuando esté encendida.

Puedes escribir en un trozo de papel tu intención de que los fantasmas de tu casa se vayan y colocar el papel debajo de la vela, o puedes grabar tu intención en las propias velas antes de encenderlas.

Mientras enciendes las velas en cada habitación, puedes verbalizar tu intención de que los fantasmas se vayan. No olvides apagar las velas si vas a salir de casa o a dormir. Además, mantén todas las velas encendidas fuera del alcance de los niños o las mascotas, y no las coloques donde puedan caerse fácilmente. No hace falta que dejes arder toda la vela, pero puedes hacerlo si lo deseas.

Recuerda que debes utilizar velas nuevas y sin encender cada vez que vuelvas a empezar el proceso. Debo añadir que algunas personas utilizan velas negras en lugar de velas blancas cuando hacen esto porque, en algunos círculos, se cree que las velas negras absorben cualquier energía negativa. La elección es tuya; escoge el color de velas que te haga sentir más cómodo.

Yo he utilizado tanto velas blancas como negras, y suelo combinar las velas con otras técnicas descritas en este capítulo, como una oración para limpiar la casa o la quema de incienso.

Feng shui

El «arte de la colocación» chino consiste en cambiar nuestro entorno para eliminar o minimizar la energía negativa y atraer la positiva.

Los defensores del *feng shui* creen que ciertas cosas, como la disposición de los muebles y la decoración de la casa, pueden crear energía negativa y, en algunos casos, atraer a ciertos tipos de espíritus. Creen que la energía de un espacio puede estancarse debido a una gran variedad de cosas, incluyendo polvo, telarañas, pelo de mascotas, montones de ropa sucia o platos sucios en el fregadero. Cuando limpias tu casa y la mantienes ordenada, la energía de tu hogar puede cambiar de estar estancada a ser un flujo de aire positivo, creando con ello armonía.

Los seguidores del *feng shui* recomiendan hacer la cama cada mañana; tener los electrodomésticos y otros dispositivos en buen estado; mantener la cómoda y los cajones y armarios de la cocina organizados, y tener la puerta del baño cerrada en todo momento, con un espejo de cuerpo entero en el interior de la puerta. Todas estas cosas alejan la energía negativa de la casa.

Muchas personas que practican el *feng shui* también creen que la casa que se decida comprar puede marcar la diferencia a la hora de atraer fantasmas o espíritus.

Por ejemplo, los expertos en *feng shui* recomiendan evitar la compra de casas que estén situadas cerca de cementerios o antiguos campos de batalla, casas oscuras y húmedas y, en algunos casos, casas antiguas. Sugieren preguntar al agente inmobiliario si alguien ha muerto en la casa antes de comprarla. Si alguien murió allí, los seguidores del *feng shui* sugieren sopesar las opciones con cuidado.

También se sugieren varias formas de librar la casa de fantasmas mediante el *feng shui*, como mantenerla limpia, recitar el nombre de Dios o de cualquier poder supremo en el que se crea, exponer objetos sagrados o quemar incienso o hierbas para purificar la casa.

Personalmente, no soy seguidora del *feng shui*, pero sus adeptos aportan algunas sugerencias importantes sobre cómo liberar tu hogar de fantasmas indeseados.

Hay ciertos tipos de espíritus negativos, como los demonios y algunos *poltergeist*, que se alimentan del caos y el desorden, hasta el punto de que una casa desordenada puede atraerlos. Lo mismo ocurre si no hay armonía en tu vida. Si en tu casa hay muchas peleas, tensión y/o altibajos emocionales, esto, como ya he mencionado, también puede atraer a algunos tipos de entidades negativas.

Incienso

Durante siglos, personas de diferentes culturas han utilizado el incienso para liberar su hogar de espíritus no deseados o negativos. La idea es encender una varilla de incienso y llevarla por toda la casa, dejando que el humo penetre en todos los rincones.

Algunas personas se limitan a encender incienso en las habitaciones de su casa con más actividad y dejar que arda. Los aromas de incienso más populares para librarse de fantasmas y espíritus son lavanda, rosa y vainilla, todos ellos muy calmantes y purificadores. Si no tienes acceso a atadillos de sahumerio o necesitas una solución rápida, el incienso es la mejor opción.

Soy una gran creyente en el poder del incienso para liberar a un hogar de huéspedes fantasmales no deseados, y quemo incienso regularmente en mi casa. El incienso desprende menos olor que los atadillos de sahumerio y cumple la misma función.

Si lo deseas, puedes rezar una oración o decirle al fantasma, de forma calmada y asertiva, que se vaya mientras quemas el incienso en una habitación concreta o lo utilizas para purificar toda tu casa o lugar de trabajo.

Los tipos más habituales de incienso que utilizo son los siguientes:

- **Menta.** Se utiliza para protegerse y librarse de los malos espíritus.
- **Lila.** Para evitar la energía negativa y las entidades malignas. También es muy relajante.
- **Sándalo.** Se utiliza para limpiar el hogar de energía negativa. También como protección.
- **Sangre de dragón.** Se utiliza para limpiar el espacio y evitar cualquier mal, entre otras cosas.
- **Pino.** Se utiliza para purificar el hogar, desterrar la energía negativa y exorcizar a las entidades malignas.

Si lo deseas, puedes quemar más de un aroma a la vez para objetivos distintos, como una forma de matar dos pájaros de un tiro.

Sal marina

El uso de la sal marina para protegerse a uno mismo y al hogar de los fantasmas se remonta a miles de años atrás y se da en multitud de culturas. Existe la creencia de que los fantasmas no pueden cruzar una línea de sal marina; sin embargo, si ya tienes un fantasma en casa, deberías librarte de él antes de usar la sal. De lo contrario, estarías atrapando literalmente al fantasma en tu casa, y no podría salir ni aunque quisiera.

Sin embargo, hay una manera de utilizar la sal que te permitirá deshacerte de un fantasma o espíritu. Simplemente toma una botella de espray limpia y llénala de agua del grifo o agua bendita, y luego añade un par de cucharaditas de sal al agua. Agítala bien y rocía un poco de agua salada en cada habitación de tu casa. Incluso puedes colocar varios cuencos de sal marina en las habitaciones en las que haya más actividad paranormal. Puede que tengas que repetir el proceso unas cuantas veces hasta que el fantasma desaparezca.

Cuando estés seguro de que los fantasmas y espíritus han abandonado tu casa o lugar de trabajo, coloca una línea de sal marina en el perímetro exterior de tu casa u oficina para evitar que los espíritus negativos vuelvan a entrar.

Como puedes ver, hay muchas maneras de librarse de fantasmas y espíritus. Sin embargo, ninguno de estos métodos funcionará si no crees al cien por cien en lo que estás haciendo. Ten en cuenta que es posible que tengas que repetir uno o más de estos métodos para librarte de tu invitado no deseado.

De todas las técnicas que he mencionado, la que yo más utilizo es la de hablar simplemente con el espíritu. No hace falta ser un «sensitivo», un vidente o un médium para que funcione este método.

Lo más importante que debes recordar es no hablar desde la ira, el miedo o cualquier otra emoción negativa, pues solo podría empeorar las cosas. Da igual cuánto desees deshacerte del fantasma o espíritu que hay en tu casa o lugar de trabajo, lo más importante es que estés tranquilo y hables con tono firme.

UTILIZAR EL FOLCLORE Y LAS LEYENDAS PARA LIBRARSE DE LOS FANTASMAS

La mayoría de las culturas y religiones han concebido métodos que consideran eficaces para lidiar con fantasmas y espíritus. Estos métodos, transmitidos de generación en generación, pueden parecernos un poco extraños, pero como todo folclore tiene algo de verdad, vale la pena intentarlo.

Hierba de San Juan

No me refiero a las pastillas, sino a la planta. En la Edad Media, la hierba de San Juan se utilizaba mucho para ahuyentar a los demonios y espíritus malignos, y todavía hoy se utiliza en toda Europa con ese objetivo.

Deberías poner una planta de hierba de San Juan en cada habitación para disuadir a cualquier fantasma, espíritu o demonio de que entrara en tu casa.

Arroz

Una vieja leyenda popular dice que si tiras un poco de arroz al suelo en varias habitaciones de la casa, el fantasma se sentirá obligado a detenerse y contar los granos de arroz. Por supuesto, tendrías que dejar mucho arroz en el suelo y durante varios días para que el fantasma, al intentar contar todos los granos, se frustrara tanto que se marchase.

Sé que puede sonar un poco estúpido, pero hay muchísimos testimonios sobre el éxito de este método, utilizándose a veces arena en lugar de arroz.

Tocar música sagrada

Muchas personas que tienen un fantasma especialmente desagradable han intentado tocar música sagrada todos los días durante varias semanas para ahuyentarlo. Creen que una entidad maligna no puede soportar el sonido de los cánticos tradicionales cuando se tocan repetidamente, porque tales cánticos alaban la gloria de Dios y de Jesucristo. Según quienes han probado este método, se deben escoger cánticos muy antiguos y con mucha música de órgano.

Colgar ajos

A lo largo de los años, y en muchas culturas actuales, la gente ha utilizado el ajo para evitar a los fantasmas y otros tipos de entidades malignas. Si decides utilizar este método, debes colgar un diente de ajo en cada habitación de tu casa, incluidos los pasillos. Algunas personas llevan un diente de ajo en el bolsillo para una mayor protección.

Aunque este método puede ser muy maloliente, sigue siendo popular entre muchas personas.

Pintar las puertas de rojo

Existe la creencia de que los fantasmas no soportan el color rojo y huyen al verlo. Se recomienda pintar de rojo la puerta de cualquier habitación en la que pueda haber actividad paranormal, para que los fantasmas no puedan entrar.

También hay quienes, simplemente, ponen un pañuelo rojo o una servilleta al lado de su cama por la noche para no ser molestados o asustados por fantasmas u otras entidades mientras duermen.

Invertir los zapatos

Algunas personas creen que si colocas tus zapatos a los pies de la cama con uno hacia afuera y el otro hacia dentro, entonces el fantasma se confundirá tanto que simplemente se irá frustrado.

Cuelga una herradura

El folclore del siglo XVI afirma que si cuelgas una herradura de caballo, al derecho o al revés, encima de la puerta de entrada, los fantasmas o espíritus malignos no podrán entrar en tu casa. También se supone que la herradura trae buena suerte a las personas que pasan por delante de tu casa o entran en ella y pasan por debajo de la herradura.

Esto tiene sentido si se utiliza una herradura de hierro. Algunas civilizaciones han creído durante siglos que las propiedades del hierro ahuyentan a los malos espíritus. Esto se debe a que la sangre humana contiene hierro y, por lo tanto, el hierro sería una de las fuerzas vitales de la Tierra.

Utiliza un espejo

Según una creencia popular, si colocas un espejo plano frente a la puerta de cada una de las habitaciones, cualquier fantasma que intente entrar en ella verá su reflejo y se irá asustado. No creo que vaya a probar esta técnica, dado el convencimiento por parte de los investigadores de lo paranormal de que los espejos pueden convertirse en portales y permitir a los fantasmas y otras entidades cruzar a nuestro mundo siempre que quieran. Sin embargo, hay quienes confían en esta técnica, así que la elección es tuya.

Campanillas de viento

Se cree que si colgamos campanillas de viento fuera de casa, el fantasma será incapaz de soportar el sonido y saldrá de casa si estaba dentro, o no entrará en ella.

Espejo Bagua

El espejo Bagua tiene su origen en China. Según los practicantes del *feng shui*, colgar un espejo de este tipo en la puerta de entrada atraerá la armonía e impedirá que las entidades malignas entren en casa.

Mezuzá

La *mezuzá* se utiliza en el judaísmo para impedir que las entidades o energías malignas y destructivas entren en casa. Está compuesta por un trozo de pergamino enrollado y albergado en una caja decorativa. La *mezuzá* se cuelga en sentido diagonal en el marco de la puerta de entrada.

Canela en rama

Los egipcios utilizaban ramitas de canela atadas en un manojo para santificar una zona y liberarla del mal. Actualmente los chinos también las utilizan para purificar sus templos.

Tan solo tienes que atar unas cuantas ramas de canela y colgarlas en la puerta de entrada. También puedes colgar un manojo de ellas sobre las puertas de casa que den a las habitaciones con más actividad paranormal.

Gárgolas

A lo largo de la historia, las gárgolas han tenido mala reputación y, hoy en día, son consideradas unas criaturas malignas en algunas culturas. Sin embargo, eso no podría estar más lejos de la realidad.

Las gárgolas han tenido diferentes funciones, siendo una de ellas arquitectónica. En la época medieval, se utilizaban como canalones para drenar el agua del tejado de las iglesias, aunque muy pocas siguen cumpliendo esta función hoy en día.

También se cree que las gárgolas eran talladas de forma grotesca para ahuyentar a los malos espíritus y proteger las iglesias. En teoría, los espíritus malignos y/o los demonios pensarían que la propiedad ya estaba habitada por criaturas como ellos y, para evitar un enfrentamiento por el territorio, evitarían los edificios que tuvieran gárgolas.

Actualmente estas estatuas se pueden comprar y colocar junto a las puertas de entrada y salida de la casa para evitar cualquier entidad maligna que esté pensando en instalarse allí.

Cultiva romero

En la antigua Grecia, se quemaba romero en templos y santuarios para ahuyentar a los malos espíritus y evitar las enfermedades.

Para ahuyentar fantasmas y espíritus con romero, cuelga una corona de esta planta en la puerta principal y en la trasera, y ten plantas de romero en las diferentes habitaciones de casa. El romero se sigue utilizando en muchas culturas y religiones, y algunos investigadores de lo paranormal ponen romero en varitas de incienso para ayudar a limpiar una casa de energía negativa, así como de fantasmas y espíritus.

A lo largo de la historia, se han empleado muchos métodos para librarse de fantasmas y espíritus. Personalmente no he probado ninguno de los mencionados en esta sección, pero eso no significa que a ti no vayan a funcionarte, por muy ridículos que puedan parecer, así que merece la pena intentarlo.

Me gustaría saber qué métodos de este capítulo has empleado y si te han funcionado, así que, por favor, cuéntamelo.

REPRESALIAS TRAS INTENTAR LIBRARSE DE UNA ENTIDAD

En algunos casos, un fantasma o espíritu puede volverse violento o tomar represalias por haber intentado desterrarlo de tu casa o lugar de trabajo. Cuando una entidad se comporta de este modo, no es que hayas cometido ningún error con el tipo de limpieza que habías escogido. Tan solo significa que el método no ha funcionado; que la entidad está muy alterada ante la idea de tener que irse, y/o que el fantasma o espíritu no es de los que se van fácilmente.

Algunos tipos de espíritus, como los *poltergeist*, los vengadores y los inhumanos, son muy difíciles de echar y pueden actuar de forma violenta ante cualquier intento por tu parte. Por ejemplo, pueden reaccionar lanzando cosas, golpeando paredes o puertas, abriendo y cerrando puertas de golpe, mordiendo, arañando, empujando... o, en otras palabras, haciendo todo lo posible para convertir tu vida en un infierno.

Lo primero que debes hacer si el fantasma, espíritu o ente maligno se vuelve violento es sacar inmediatamente de casa a los niños y animales domésticos. Lo segundo es mantener la calma. Sé que esto parece imposible, pero es importantísimo que lo hagas.

Los fantasmas, espíritus e inhumanos son entidades impredecibles. Incluso siendo una investigadora de lo paranormal con experiencia, nunca estoy segura de cómo reaccionará la entidad cuando intente forzarla a salir del lugar donde quiere estar.

Muchos fantasmas no se irán hasta que hayan satisfecho sus necesidades y/o deseos. Por ejemplo, si estás lidiando con un vengador, este no cederá en su empeño hasta que haya obtenido justicia. Un fantasma mensajero puede quedarse hasta que haya entregado su mensaje, y el fantasma de un ser querido fallecido no querrá irse hasta saber que las personas vivas que ha dejado atrás estarán bien sin él.

La lista de razones por las que los fantasmas o espíritus pueden resistirse a cualquier intento de librarse de ellos es interminable, pues en realidad depende de sus deseos.

Hace unos años trabajé en un caso de este estilo. Me llamó una mujer que se había puesto en contacto con un equipo de cazafantasmas y que había llevado a cabo unas investigaciones. Durante estas el equipo grabó unas psicofonías. Una de ellas decía: «No voy a irme a ninguna parte», con un tono de voz grave y amenazador.

El equipo recomendó a la mujer que un sacerdote bendijera su casa, lo cual llevó a cabo una semana después de las investigaciones. Me contó que todo pareció ir bien durante un par de días, pero entonces, según sus palabras, se desató el infierno.

Las puertas se abrían y se cerraban de golpe; los grifos de la cocina y los baños se abrían; la familia oía golpes en las paredes, y uno de sus hijos se despertó una noche con una oscura figura cerniéndose sobre su cama. El niño se asustó, como era de esperar, y empezó a gritar hasta que su madre entró en la habitación. Para entonces, la sombra había desaparecido. A la mañana siguiente, la aterrorizada madre me llamó.

Siempre que hay niños implicados, yo considero que la situación es urgente, así que fui a su casa ese mismo día.

Me dijo que, antes de que llegara el grupo paranormal y de que el sacerdote bendijera la casa, el fantasma no había sido tan violento. Dijo que encendía y apagaba las luces con frecuencia, y que ella y otros miembros de la familia habían visto una sombra por el rabillo del ojo, pero que lo habían achacado a una ilusión óptica. También contaba que algunas cosas desaparecían y luego aparecían unos días después en otro lugar. A la familia le divertían las travesuras del fantasma y lo llamaron Fred, que era el nombre de uno de los anteriores propietarios y que había muerto en la casa.

Cada vez se hizo más evidente que Fred no estaba dispuesto a irse, si es que ese era el espíritu que rondaba la casa, y que estaba bastante molesto por los intentos de la familia de echarlo. Cuando acabamos nuestra conversación, empecé a caminar por la casa, deteniéndome en cada habitación para observar la energía. Llevaba mi detector de CEM y mi grabadora en marcha para captar cualquier cosa que pudiera haber pasado por alto y documentar los hechos. La verdad es que todo parecía bastante normal, y yo no detecté ninguna actividad espiritual.

Esto no me sorprendió, porque no es raro que un fantasma o espíritu se esconda si cree que ha venido alguien para hacerlo desaparecer.

Llegué al sótano de la casa, el último lugar al que tenía pensado ir. Detecté movimiento en un rincón del fondo y me dirigí rápidamente en esa dirección. A medida que me acercaba, mi detector de CEM comenzó a sonar y sentí claramente la energía de un espíritu masculino.

—No pasa nada —le aseguré telepáticamente—. Solo quiero hablar contigo.

—No quiero irme —respondió el espíritu con voz desafiante.

—Lo comprendo. Vamos a charlar un rato —le dije.

Me senté en el suelo y pasé la siguiente hora hablando de forma telepática con el espíritu.

Me dijo que se llamaba Fred y que vivía en aquella casa. Tenía muy buenos recuerdos y no quería marcharse. También dijo que sabía que estaba muerto, pero que no estaba orgulloso de algunas de las decisiones que había tomado en vida y que tenía miedo de ser juzgado y enviado al infierno.

Me dijo que le gustaba la familia que vivía en su casa, pero que estaba muy disgustado y no entendía por qué querían que se fuera, ya que había intentado no molestarlos; quería que al menos reconocieran su presencia. Lamentaba haberse portado mal y haber asustado al niño, pero no sabía qué hacer. Estaba muy frustrado con toda la situación, y echaba de menos a su mujer, que había muerto dos años antes que él. Esta era la información que yo necesitaba.

No pude evitar compadecerme de él y entendía su miedo a cruzar al otro lado. Finalmente decidí que lo mejor era intentar que se marchara por su propia voluntad. Me parecía cruel obligarlo a marcharse. Le expliqué con delicadeza que ya no pertenecía a este mundo ni a esta casa. Que ya era hora de que se marchara y, como sabía que era una persona muy religiosa, le dije que Dios perdonaba a las almas y que, si bien podía ser juzgado por sus actos aquí en la Tierra, sería perdonado en el cielo. Entonces me saqué un as de la manga. Le pregunté si quería volver a ver a su mujer. Su energía se desató, lo que me reveló que estaba entusiasmado con la idea. Después de lo que me pareció una eternidad, Fred accedió a salir y entrar en la luz para reunirse con su esposa y amigos que habían fallecido.

Como ves, hay muchas razones por las que los fantasmas pueden tomar represalias cuando intentas librarte de ellos. Aunque sus acciones parezcan violentas o amenazadoras, a veces solo desean que alguien quiera conocer su historia y sus razones para quedarse.

Comprendo perfectamente que no todo el mundo es médium y puede comunicarse con los fantasmas como yo, pero puedes averiguar por qué no se marcha el fantasma.

Muchas técnicas descritas en este libro (como la escritura automática, el uso de un péndulo o simplemente hablar con el fantasma) podrían ser justamente lo que el fantasma necesita para cruzar al otro lado y lo que tú necesitas para encontrar la paz en tu propia casa.

Si el fantasma vuelve

Es bastante raro que los fantasmas o espíritus regresen a una casa cuando han sido expulsados. Sin embargo, si conseguiste deshacerte de un fantasma o espíritu y luego vuelve, puedes utilizar el mismo método de la primera vez o probar otro diferente.

Personalmente, creo que si una técnica te ha funcionado una vez, deberías mantenerla. Repítela cada semana durante un mes, y luego una vez al mes durante un año. Esto puede ayudarte a mantener tu hogar libre de espíritus y a que la molesta entidad sepa que no es bienvenido en tu hogar.

Hay casos en los que un fantasma o espíritu regresa después de un periodo prolongado de tiempo. Aunque la razón no suele estar clara, si los intentos de comunicarte con esta entidad han caído en saco roto, es hora de que tomes medidas más radicales.

Con esto quiero decir que utilices varias técnicas a la vez en un intento de agobiarlo y que se vaya de nuevo. Por ejemplo, durante un par de horas puedes bendecir la casa, encender velas y quemar incienso. La idea es que seas implacable en tus intentos de librarte del espíritu.

Si nada de esto funciona, o si el fantasma o espíritu se vuelve agresivo o amenazador de alguna manera, entonces deberías llamar a un médium o un investigador de lo paranormal para que te ayude a solucionar el problema de una vez por todas.

CAPÍTULO SIETE

CUÁNDO DEBERÍAS LLAMAR A UN MÉDIUM O A UN INVESTIGADOR DE LO PARANORMAL

Si crees que la entidad que ha invadido tu espacio personal es de naturaleza maligna, te sientes amenazado o alguien de tu familia está siendo herido física o psicológicamente, deberías pedir la ayuda profesional de un investigador de lo paranormal o de un médium.

Además, si aún no has podido librarte de la entidad que ha entrado en tu casa o negocio, o estás bajo tanto estrés que no te ves capaz de hacerlo, no dudes en contactar con alguien que tenga experiencia con lo paranormal.

CÓMO DEBERÍAS ESCOGER UN INVESTIGADOR DE LO PARANORMAL O UN MÉDIUM

Existen miles de investigadores de lo paranormal y equipos de cazafantasmas, y puede ser difícil escoger uno para que te ayude a librarte de tu indeseado huésped. Sin embargo, puedes tomar ciertas medidas para asegurarte de que tienes al investigador de lo paranormal o al equipo de cazafantasmas más adecuado.

Primer contacto

Muy pocos investigadores de lo paranormal y equipos de cazafantasmas incluyen su número de teléfono en su página web, ¿y quién podría culparlos? No quieren recibir llamadas de broma a cualquier hora del día o de la noche. Sin embargo, debería haber un correo electrónico o un formulario en línea para solicitar información, y yo te recomendaría que lo hicieras.

Uno de los miembros del equipo de cazafantasmas debería ponerse en contacto contigo para saber más sobre tu situación, pues es lo que hacen la mayoría de estos equipos.

Conozco un grupo que no se pone en contacto con nadie por teléfono, sino que envía a quienes se muestran interesados un largo formulario con preguntas que hay que responder y luego devolverles. Este grupo es conocido por rechazar aquellos casos en los que no hay demasiada actividad paranormal; en los que sospechan que la actividad está siendo provocada por una entidad negativa, y/o en los que la escasa actividad les haría perder el tiempo. Lo sé, parece increíble.

Debes evitar cualquier equipo de cazafantasmas que te haga pasar por el aro antes de llamarte por teléfono, que te dé una lista de criterios que debes cumplir o que te diga que tienes un tipo de actividad que no están interesados en investigar.

También deberías evitar a cualquier investigador de lo paranormal o equipo de cazafantasmas que quiera cobrarte antes de empezar. La mayoría de los investigadores no te cobrarán por investigar en tu casa; sin embargo, algunos pueden pedirte los gastos de desplazamiento si tu casa está a partir de cierta distancia. Esto no debería disuadirte de contratar a un equipo de cazafantasmas, ya que dichos gastos son razonables.

Te recomiendo que contactes con varios investigadores de lo paranormal hasta que encuentres a uno que se ponga en contacto contigo y esté realmente interesado en ayudarte con tu problema.

Entrevista al investigador de lo paranormal, cazador de fantasmas o médium

Piensa en las preguntas que te gustaría hacerle al cazafantasmas o investigador de lo paranormal que se ponga en contacto contigo y se ofrezca a ayudarte con tu problemático fantasma. Recuerda que lo vas a contratar y que tienes derecho a entrevistar a cualquier persona que vayas a invitar a tu casa o negocio. También deberías evitar cualquier equipo paranormal que no haga un seguimiento después de la investigación.

A continuación, encontrarás una lista de preguntas que podrías hacer:

- ¿Cuánto tiempo ha sido investigador de lo paranormal o cazador de fantasmas?
- ¿Qué tipo de equipo utiliza?
- ¿Cuántas personas lo acompañarían y cuál es su experiencia?
- ¿Usted o algún miembro de su equipo han sido arrestados alguna vez? En caso afirmativo, ¿por qué?
- ¿Ha sido usted o algún miembro de su equipo condenado por algún delito? ¿Qué delito?
- ¿Usted o algún miembro de su equipo consumen drogas?
- ¿Algún miembro de su equipo bebe cantidades excesivas de alcohol?
- ¿Tiene algún miembro de su equipo algún trastorno psicológico? En caso afirmativo, ¿cuál?
- ¿Usted y/o su equipo se han enfrentado alguna vez a una situación como la mía? En caso afirmativo, ¿cuál fue el resultado y cómo se consiguió?
- Después de analizar todas las pruebas que recogen en mi casa, ¿entregan ustedes un informe completo?
- ¿A qué hora llegarían a mi casa y cuánto duraría la investigación?
- ¿Alguien puede darme referencias sobre ustedes?
- ¿Dispone de un número de teléfono donde pueda localizarlo en caso de emergencia o si necesito cambiar la cita?

Esta es solo una pequeña muestra de las preguntas que te convendría hacer. No dudes en añadir tus propias preguntas relacionadas con tu situación.

Pide referencias

Cualquier equipo de cazafantasmas o investigador de lo paranormal que merezca la pena debería ser capaz de proporcionarte una lista de personas con las que puedas contactar para que te den referencias.

Antes de ponerte en contacto con ellas, elabora una lista de preguntas que quieras que te respondan. Deberías saber si el investigador fue profesional, respetuoso y puntual, y si proporcionó un informe completo de sus descubrimientos, por citar algunos aspectos. No dudes en conseguir todas las referencias que necesites.

Escucha atentamente sus respuestas y, si es necesario, hazles otras preguntas. Pregúntales si volverían a recurrir a ese investigador de lo paranormal y si lo recomendarían a amigos, familiares y compañeros de trabajo.

Selección final

Una vez que hayas entrevistado a varios investigadores de lo paranormal y/o equipos de cazafantasmas y hayas obtenido referencias, es hora de que decidas si quieres contratar a uno de esos equipos o seguir buscando.

Suponiendo que estés satisfecho con las referencias y las respuestas a las preguntas de la entrevista, escoge al equipo con el que te sientas más cómodo. No olvides que invitarás a estas personas a tu casa, por lo que es importante que estés convencido de tu decisión. Recuerda también que tienes derecho a hacerles detener la investigación en cualquier momento y a pedirles que se marchen si consideras que su comportamiento no es profesional o si te incomodan de algún modo.

QUÉ PUEDES ESPERAR DURANTE UNA INVESTIGACIÓN PARANORMAL

Las investigaciones paranormales son muy intensas, no solo a nivel físico sino también emocional. Un buen investigador de lo paranormal te hará muchas preguntas, algunas muy personales, como si alguien de la casa toma drogas (incluyendo medicamentos con receta) y con qué intención; si alguien sufre una depresión clínica, o si alguien bebe alcohol y en qué cantidad. También puede preguntarte sobre las relaciones personales que hay entre las personas que viven en la casa, o cómo se llevan los compañeros de trabajo si se trata de un negocio.

Estas preguntas no se hacen por simple curiosidad. Sus respuestas son importantes porque dan al investigador pistas sobre cómo perciben la actividad paranormal las personas que viven en la casa o trabajan en el negocio.

Muchas personas pueden entrar y salir de tu casa o negocio, instalando todo tipo de dispositivos. Estos pueden incluir cámaras de vídeo, cámaras de seguridad inalámbricas, grabadoras, detectores de ondas electromagnéticas, etc. Puede haber cables que vayan de un extremo a otro de la casa. Todo esto es necesario para que los investigadores puedan recopilar toda la información posible y llegar a una conclusión precisa sobre lo que está ocurriendo.

Si tienes niños o mascotas, procura que estén fuera de casa cuando se lleven a cabo las investigaciones. No querrías asustar a tus hijos, mientras que los animales domésticos pueden ponerse nerviosos e interferir con el trabajo. Además, si una entidad se enfada porque has llamado a un equipo de investigación paranormal, podría tomar represalias haciendo daño a tus hijos o a tus mascotas. El objetivo es mantener a todo el mundo a salvo.

Cuando nuestro equipo se presenta para una investigación, lo primero que hacemos después de traer todos los dispositivos es un recorrido por la casa o el negocio con los propietarios, para que puedan contarnos qué cosas han experimentado y en qué lugar.

A continuación, nuestros técnicos instalan las cámaras de seguridad inalámbricas en los lugares adecuados en función de lo que nos haya dicho el propietario.

Cuando estamos listos para empezar, nos reunimos todos en círculo y rezamos una oración de protección. Luego nos dividimos en equipos y tomamos el resto de los dispositivos, como cámaras digitales, grabadoras, cámaras de vídeo, detectores de ondas electromagnéticas y cualquier otra cosa que podamos necesitar.

A continuación, cada equipo se va a un lugar diferente de la casa para no contaminar las pruebas que pueda recoger el otro equipo.

Seguimos rotando los equipos por distintas ubicaciones durante varias horas, a veces, hasta bien entrada la madrugada, antes de recoger los dispositivos y analizar nuestros hallazgos.

DESPUÉS DE LA INVESTIGACIÓN

Una vez concluidas las investigaciones, el equipo que hayas contratado recogerá sus dispositivos y analizará durante unos días todas las grabaciones para llegar a una conclusión sobre lo que está ocurriendo en tu casa o negocio.

Un miembro del equipo debería reunirse contigo cuando tengan sus conclusiones, para revisar los resultados y sugerir las acciones necesarias, como hacer una bendición o limpieza de la casa. Esta persona debería ayudarte a encontrar a alguien capacitado para hacer tales cosas si nadie de su equipo puede hacerlo.

Si por alguna razón no estás satisfecho con lo que te dice el equipo que has contratado, o si no tienen un plan viable para ayudarte a expulsar a la entidad, no dudes en ponerte en contacto con otro equipo paranormal.

UTILIZAR UN MÉDIUM

Pedirle a un médium que venga a tu casa es diferente a que lo haga un equipo de investigadores de lo paranormal. Para empezar, un médium suele trabajar solo o con otra persona.

Aunque un médium puede traer una grabadora y/o una cámara, el hecho de que recorra tu casa resulta mucho menos invasivo que la presencia de un grupo de investigadores de lo paranormal.

Los médiums suelen ser muy silenciosos y no hacen mucho alboroto, aunque caminarán por toda la casa e investigarán cada habitación hasta que localicen al fantasma o espíritu.

Al igual que si contrataras a un investigador de lo paranormal, deberías entrevistar a varios médiums hasta encontrar a uno con el que te sientas cómodo y que parezca preocuparse de verdad por lo que tú y tu familia estáis experimentando y te quiera ayudar.

No tengas miedo de ofender a un médium pidiéndole referencias. Si este se siente insultado o tarda en dártelas, entonces no es el médium adecuado para ti.

Un último consejo si estás pensando en contratar a un médium: cada uno trabaja de forma diferente y tiene sus propios métodos para comunicarse con fantasmas, espíritus u otro tipo de entidades que puedan estar acechando tu casa. Algunos de estos métodos pueden parecer un poco extraños, pero no se lo tengas en cuenta.

Es importante recordar que la mayoría de los médiums caminan por la delgada línea que separa el mundo de los vivos del de los muertos. Tienen que hacer lo necesario para mantener el equilibrio entre ambos mundos, y a veces las técnicas que utilizan para lograr este objetivo pueden parecer un poco extrañas para una persona normal. Por eso es importante que aceptes el estilo de trabajo del médium que has contratado, y que recuerdes que está ahí para ayudarte.

Cuando yo llego a un lugar como médium, paso mucho tiempo hablando con los propietarios sobre sus experiencias, sus miedos, sus preocupaciones y cuáles son sus objetivos, es decir, si solo quieren saber quién es el fantasma y por qué está allí, o si quieren que el fantasma, espíritu u otro tipo de entidad se vaya.

Luego recorro la casa habitación por habitación, tocando las paredes, los muebles o cualquier otro objeto que me atraiga, para poder interpretar su energía. Sigo recorriendo la casa de esta metódica forma hasta que encuentro a la entidad, si es que la hay, y entonces intento entablar conversación con ella.

Mientras todo esto sucede, los propietarios de la casa suelen estar pisándome los talones, lo cual es positivo porque así están disponibles si tengo alguna pregunta.

Una vez establecida la comunicación, intento negociar con la entidad para que salga a la luz o se marche como él desee. Una vez que el espíritu se ha ido, o lo he forzado a salir, bendigo la casa y hago una limpieza para eliminar cualquier energía negativa residual.

Tener una médium en casa es mucho menos invasivo que un equipo de investigadores de lo paranormal. Intento mantener todo el proceso muy tranquilo y pacífico para relajar a los propietarios y a cualquier entidad que pueda estar presente.

CAPÍTULO OCHO

CÓMO PUEDES MANTENER TU ESPACIO LIBRE DE ESPÍRITUS

Una vez que el fantasma, espíritu o cualquier otra entidad ha abandonado tu casa o lugar de trabajo, lo más probable es que quieras mantenerlo alejado. Hay varios métodos que puedes utilizar con este objetivo, y están relacionados con la forma en que te libraste del espectro originalmente; es el mismo método con un propósito algo diferente.

SAL MARINA

Cuando hayas expulsado al fantasma de casa, deberías comprar varias cajas de sal marina. Muchos investigadores de lo paranormal creen que una entidad negativa no puede cruzar una línea hecha con sal.

Toma la sal marina y espolvoréala por el perímetro exterior de tu casa. Deberás repetir esta operación una vez al mes, ya que la lluvia y el viento se llevarán la sal. Si vives en un apartamento, puedes tomar la sal marina y colocar un pequeño cuenco con ella en cada habitación para absorber cualquier energía negativa que intente entrar en tu espacio personal. Asegúrate de cambiar la sal de los cuencos una vez a la semana.

AGUA BENDITA O ACEITE DE OLIVA

Si has decidido utilizar agua bendita o aceite de oliva que haya sido bendecido según el ritual del capítulo 5, deberías tener una reserva a mano.

Una vez al mes, utiliza el agua bendita o el aceite de oliva para hacer la señal de la cruz en todas las puertas, incluidas las interiores, y en los cristales de las ventanas. No olvides rezar una oración de bendición, como la Oración a San Miguel, cuando realices este ritual. La oración cargará de energía positiva lo que estás haciendo y ayudará a reforzar el poder del agua bendita o del aceite de oliva.

SAHUMERIO

Después de que el fantasma, espíritu u otro tipo de entidad se haya ido, deberías mantener la energía positiva en tu casa, sobre todo si se trataba de un fantasma maligno.

La limpieza y purificación con humo es una de las formas más rápidas, fáciles y eficaces de mantener tu hogar o lugar de trabajo libre de energía negativa. Las instrucciones para utilizar un sahumerio se encuentran en el capítulo 6, así que consúltalo si es necesario.

Debes limpiar tu casa una vez a la semana durante un mes cuando esté libre de fantasmas, y luego una vez cada dos semanas durante otro mes, para acabar haciéndolo una vez al mes durante seis meses o un año. Si lo deseas, puedes purificarla con un sahumerio durante más tiempo; la elección es toda tuya.

VELAS

No sé a ti, pero a mí me encantan las velas. No solo para librarme de fantasmas u otro tipo de invitados no deseados, sino que las encuentro relajantes y crean una atmósfera maravillosa en cualquier habitación.

Puedes encender unas velas en cualquier momento, tanto si has utilizado el método de las velas para librarte de los espíritus como si no. Sin embargo, si las utilizas solamente para mantener alejados a los fantasmas, entonces te recomendaría que encendieras una vela blanca virgen en cada habitación durante, al menos, una vez por semana durante tres o cuatro meses tras la expulsión del fantasma.

Puedes encenderlas con más frecuencia si lo deseas, pero recuerda que nunca debes dejar sola una vela encendida ni cerca de niños o mascotas. El objetivo es mantener alejado al fantasma, no quemar tu casa.

INCIENSO

Si deseas utilizar incienso para mantener alejados a los espíritus no deseados, puedes seguir las mismas instrucciones que en el caso de las velas. Puedes quemar incienso siempre que quieras, pero para asegurarte de que el fantasma que acabas de expulsar no vuelve, deberías quemar incienso, al menos, una vez por semana durante tres a seis meses.

Recomiendo los inciensos que aparecen en el capítulo 6, ya que estos aromas han demostrado su eficacia contra fantasmas, espíritus y otros tipos de entidades.

El incienso de sándalo es mi favorito, no solo porque me gusta su aroma, sino también porque ayuda a protegerse de las energías negativas y los fantasmas.

CRISTALES

Los cristales son muy interesantes y poderosos. Muchas personas creen que son capaces de hacer cosas increíbles, no solo para evitar los fantasmas, sino también en otros aspectos de la vida.

Si vas a utilizar cristales para mantener tu casa libre de fantasmas, utiliza los que se mencionan en el capítulo 5. Puedes dejar los cristales en todas las habitaciones de tu casa. También puedes llevarlos encima como si fueran un colgante o simplemente en el bolsillo. O puedes hacer ambas cosas.

Dado que los cristales necesitan muy poco mantenimiento, te sugiero que los dejes en cada habitación de tu casa de forma indefinida. Pero si prefieres no hacerlo, deberías dejarlos en cada habitación durante, al menos, seis meses tras haber expulsado al fantasma, espíritu u otro tipo de espectro de tu espacio personal.

No olvides que tendrías que limpiar y recargar tus cristales una vez al mes como mínimo dejándolos en remojo en agua salada durante toda la noche, y luego sujetarlos y llenarlos con tu intención, como la protección contra los fantasmas. Por último, pon tus cristales a la luz del sol todo el día o bajo la luz de la luna toda la noche.

CONCLUSIÓN

REFLEXIONES FINALES

Espero de todo corazón que este libro te haya resultado útil. He disfrutado mucho escribiéndolo para compartirlo con todos mis lectores.

Deseo sinceramente que ahora comprendas mucho mejor a los fantasmas y el mundo de lo paranormal, y que hayas podido solucionar tu problema.

Creo que muchos fantasmas y espíritus inofensivos son los seres más incomprendidos de nuestro mundo. Según mi experiencia, la mayoría de los fantasmas intentan sobrevivir como nosotros, aunque desde una perspectiva totalmente distinta. Sin embargo, también es cierto que en la gran mayoría de los casos, los fantasmas y los espíritus no deberían estar en el mundo de los vivos, sino que deberían cruzar al otro lado para alcanzar la paz eterna.

A lo largo de mi vida, he estado en contacto con cientos, si no miles, de fantasmas y espíritus, algunos buenos y otros malos, igual que los vivos. Me he hecho muy amiga de algunos de los fantasmas que han entrado y salido de mi vida, y he compartido con ellos incontables horas de conversación sobre muchos temas. En general, me siento mucho más cómoda entre los muertos que entre los vivos.

Pero siempre llega el momento de despedirse, de ayudarlos a pasar al otro lado del velo que separa ambos mundos. Se me ha roto el corazón cuando los he visto partir, pero sé que es donde deben estar y que es lo mejor para todos.

La conclusión más importante que quiero que saques de este libro es que tienes el poder dentro de ti para manejar la mayoría de las experiencias paranormales que puedan producirse.

También debes recordar que, aunque todos los métodos descritos en este libro pueden funcionar, solo serán efectivos si los utilizas sin miedo y si crees al cien por cien en su utilidad; de lo contrario, ninguna técnica para librarte de un fantasma te funcionará. Todo se reduce a la fe. Debes tener fe en ti mismo, en cualquier poder divino en el que creas, y total confianza en la persona que quieras que te ayude con el problema.

Es mi deseo sincero que conectes con tu propio poder y no te dejes paralizar por el miedo a lo desconocido o a lo paranormal. No tengas miedo de reclamar tu espacio personal y que cualquier tipo de entidad que haya en tu casa sepa que no tienes miedo; que no vas a tolerar que esté en tu espacio, y que serás proactivo para conseguir que el fantasma, espíritu u otro tipo de entidad te deje en paz a ti y a tu familia.

No dudes en pedir ayuda si crees que no podrás manejar solo a un fantasma, espíritu u otro tipo de entidad. Como ya he dicho, hay algunas entidades paranormales con las que no deberías enfrentarte por muy valiente que creas que eres. No hay que avergonzarse por pedir ayuda, sobre todo si se trata de una entidad negativa, maligna o demoníaca.

Tu objetivo principal, y el mío, sin importar qué tipo de entidad haya invadido tu espacio personal, es que te mantengas a ti y a tu familia a salvo, incluso si eso significa que tengáis que separaros por un tiempo, hasta que puedas tener la situación paranormal bajo control o resuelta definitivamente.

En lo relativo a lo paranormal, tengo una regla de oro que me guía: si no sabes lo que es, no te entrometas hasta saberlo.

Como he explicado en este libro, los distintos tipos de entidades se comportan de maneras diferentes y son capaces de hacer muchas cosas, algunas de ellas perjudiciales para los vivos. Por lo tanto, hasta que no puedas identificar con qué tipo de espectro estás tratando, déjalo en paz. Si crees que has perdido el control de la situación o que no puedes manejar la actividad paranormal por ti mismo, no dudes en ponerte en contacto con un investigador de lo paranormal, un médium o un sacerdote para que te ayude.

Tan solo cuando estés lo bastante seguro de qué tipo de entidad se trata y tengas un buen plan de ataque, entra en acción e intenta que la entidad abandone el lugar.

También es importante recordar que, al igual que los vivos, no hay dos fantasmas exactamente iguales, y que todos tienen su personalidad. Algunos fantasmas o espíritus pueden mostrar características de más de un tipo de entidad. A veces, esto puede provocar mucha confusión sobre el tipo de fantasma que tienes en tu casa o negocio. Cuando esto ocurra, haz como yo: intenta adivinarlo y actúa en consecuencia.

Mi filosofía es que, en el caso de un fantasma inofensivo, la mejor solución para todos es intentar ayudarlo a cumplir el objetivo que se ha marcado en el plano terrenal. La forma más eficaz de hacerlo es simplemente hablar con el espíritu o probar una de las técnicas descritas en este libro para comunicarse con él, sin perder nunca de vista el objetivo, que es ayudarlo a cruzar al otro lado.

Yo lo llamo «rescate de espíritus». Creo que ayudar a la entidad también ayuda a las personas afectadas por ella, de forma que todos los implicados salen ganando. Créeme cuando te digo que no hay nada más gratificante que ayudar a un fantasma o espíritu a cruzar al otro lado y ayudarlo a encontrar la paz. Si todavía no estás seguro de que puedas ayudar a un espíritu, no pasa nada, encuentra a alguien que lo haga por ti. La verdadera pregunta que debes hacerte es la siguiente: si tú fueras ese espíritu, ¿no querrías que alguien te ayudara?

Espero que este libro sea útil, no solo para los propietarios de viviendas o negocios, sino para todo el mundo, incluidos los investigadores de fantasmas. Aunque pueda parecer que un fantasma o un espíritu está actuando de manera destructiva o agresiva, podría ser la única manera de que la pobre alma pueda pedir ayuda.

Para terminar, quiero que sepas que siempre estoy a tu lado. No dudes en ponerte en contacto conmigo si tienes preguntas o necesitas ayuda con tu situación paranormal. No hay razón para sentir vergüenza al admitir que tienes un problema de fantasmas; y aunque algunas personas puedan juzgarte y pensar que estás loco, no lo estás. Simplemente necesitas ayuda con una situación extraordinaria. Puedes enviarme un correo electrónico a debichestnut@yahoo.com. Respondo a todos mis correos electrónicos y haré todo lo posible para ayudarte con tus preguntas y problemas paranormales.

Hasta el próximo libro... ¡Felices cazas!

PARA CONTACTAR CON LA AUTORA

Si quieres ponerte en contacto con la autora o deseas más información sobre este libro, puedes escribir a la atención de Llewellyn Worldwide y le enviaremos tu solicitud. Tanto la autora como la editorial agradecen el contacto y saber que has disfrutado de este libro y que te ha servido de ayuda. Llewellyn Worldwide no puede garantizar que la autora vaya a contestar a todas las cartas, pero sí que se le reenviarán todas. Escribe a la siguiente dirección:

Debi Chestnut
Llewellyn Worldwide
2143 Wooddale Drive
Woodbury, MN 55125-2989

Adjunta un sobre con el franqueo pagado que incluya tu dirección para la respuesta o un dólar para cubrir los gastos. Si te encuentras fuera de EE. UU., adjunta un sello de respuesta internacional.